U0585704

一个人的陆地，是另一个人的海洋！

学习的真相

一年提升260分的学习方法

杨大宇 / 著

SPM

南方出版传媒

广东人民出版社

·广州·

图书在版编目（CIP）数据

学习的真相：一年提升 260 分的学习方法 / 杨大宇著 . — 广州 : 广东人民出版社，2014.9 (2020.10重印)

ISBN 978-7-218-09499-1

Ⅰ . ①学… Ⅱ . ①杨… Ⅲ . ①学习方法－家庭教育 Ⅳ . ① G791 ② G78

中国版本图书馆 CIP 数据核字 (2014) 第 178352 号

XUEXI DE ZHENXIANG:YINIAN TISHENG 260 FEN DE XUEXI FANGFA

学习的真相：一年提升 260 分的学习方法

杨大宇　著

版权所有　翻印必究

出 版 人：肖风华

责任编辑：张竹媛　张力平
封面设计：黄平星
责任技编：吴彦斌　周星奎
特约编辑：杨凌宇

出版发行：广东人民出版社
地　　址：广州市海珠区新港西路 204 号 2 号楼（邮政编码：510300）
电　　话：（020）85716809（总编室）
传　　真：（020）85716872
网　　址：http://www.gdpph.com
印　　刷：广东鹏腾宇文化创新有限公司
开　　本：889 毫米 ×1194 毫米　1/16
印　　张：17.5　　插　　页：2
版　　次：2014 年 9 月第 1 版
印　　次：2020 年 10 月第 13 次印刷
定　　价：35.00 元

如发现印装质量问题影响阅读，请与出版社（020-85716808）联系调换。
售书热线：（020）85716826

127 第七章 向目标迈进

我们或许订立过目标，却因为现实的打击而最终舍弃了它。那如果目标能有效促进学习，而且一定能够实现，你会再一次试着向目标迈进吗？

147 第八章 为掌握新知识而学习

还记得学习的本质是什么吗？其实学习本身是一件很单纯快乐的事情，只是我们都被功利遮住了眼睛，遗忘了我们学习的初衷。

一年提高260分的学习方法

在充满未知的人生旅途中，尤其是在求学路上，遇到难以解决的问题时，我们首先想到的就是看看领先者怎么做。换句话说，我们都想知道别人成功的方法，如法炮制并希望取得同样的成功。

可惜，成功往往并未如期而至。当我们重复成功者的脚步后，迎接我们的，很可能不是成功，而是惨败。那些对成功者来说甘之如饴的秘诀和方法，对我们来说却很可能是毒药。

如今市面上有些关于学习方法的书，一些学生和家长被耀眼的状元头衔吸引，幻想着能从状元们总结的方法中找到金钥匙，一劳永逸地解决学习问题。可是，如果反复阅读这些状元的心得，你会惊讶地发现，这里面给出的学习方法，有时竟是截然相反的。

比如，某高考状元说自己之所以能取得非常好的成绩，是因为抓住每一分钟学习，连上厕所都拿着英语单词本去背。但是另一位高考状元却说自己经常在完成规定的学习任务后尽情玩耍，甚至在最关键的高三阶段还参加社团活动。你应该相信哪一个？

再比如，一位高考状元说自己之所以能够取得好成绩，是因为重视预习，每个学科的内容，他至少要预习两遍。而另一位高考状元却认为，预习根本就是浪费时间，不如认真抓住课堂上的45分钟，透彻理解老师所讲的内容。你又应该相信哪一个？

成功者之间自相矛盾的学习方法和心得比比皆是。盲目追随往往陷入左右为难的境地。而这种风险，早在两千多年前"田忌赛马"的故事中就有所体现了。

如果你是齐王，要再和田忌赛一次，你会怎么做？你会不会仍然打出"上等马"这张先行牌？相信聪明的你不会重蹈齐王的覆辙。你一定会要求田忌先排出赛马的阵容，只要田忌打出第一张牌，齐王几乎就赢定了。

可见，对于领先者来说，后发制人才是聪明的做法，尽管随大流经常为人所不齿，却是领先者保持地位的好方法。然而，同样的策略对于落后者来说，却是一场灾难。当落后者和领先者使用相同的竞争策略时，二者的差距只会越来越大。田忌之前一直输给齐王就是最好的证明。所以，落后者如果想要追上甚至赶超领先者，就不能一味模仿，而是必须敢于做一些领先者从未做过的事。

我曾听过这样一则故事：两个人在森林里遇到了老虎，其中一个人弯腰系鞋带，另一个人便嘲笑他说："都这种时候了，还系什么鞋带？难道你还能跑过老虎？"系鞋带的人不慌不忙地回答："我当然跑不过老虎，我只要跑过你就足够了。"

"系鞋带"就是一种不同寻常的策略。它很有可能打破领先者的优势，让落后的一方后来居上。如果你希望在学习上有所进步，如果你不满足于现有的班级排名，何不也来学习"系鞋带"的智慧？

由于职业关系，这些年来我一直在研究各种学习方法。从最主流的老生常谈，到各种非主流的奇招怪式，我都会去了解。认知心理学、行为主义、发展心理学、人本主义、神经科学、教育学、社会学、成人激励……几乎所有与学习行为有关的内容，我都会去涉猎。在漫长的比较和实践中，我发现，大家耳熟能详的很多学习方法有时并不起作用，而有些只有在你达到了一定的水平后才能起作用。对于成绩长期处于劣势地位的学生来说，显然并不合适。

学习的真相被淹没在噪声之中，一些所谓"高效"的学习方法，有时候其实并不适用，而使用错误的方法往往导致时间和精力的巨大消耗。这样一来，即便我们有机会接触到真正起作用的学习方法，敢于尝试的勇气和坚持到底的耐心恐怕也早就被磨光了。

为了帮助更多学生及早掌握正确实用的学习方法，我曾在各地开展培训会，朴彦妍便是众多受益者中的一员。她是吉林大学附属实验中学的一名普通学生，刚上初三的时候，成绩在310分左右。相对于600分的满分，这的确是一个让人着急的分数。更糟糕的是，当时留给她提升成绩的时间只有一年。经过我的培训后，朴彦妍重拾信心，还掌握了一种实实在在的、真正起作用的学习方法。在培训间隙，她来到后台找我，希望我能给她更具体的指导。此后的一年里，朴彦妍一直牢记我教给她的"学习的真相"，并最终得到了572.5分的高分。仅仅一年，朴彦妍就将自己的成绩提高了260分！这是一个连她自己都不敢相信的分数，用"奇迹"来形容也不为过。

我传授的学习方法让越来越多的学生获得成功，但其实在学习的道路上，我也曾经是一个跌到谷底的失败者。小学一年级时，我就曾被老师劝退，原因是跟不上班级的教学进度。进入初中后，我的成绩不但没有改观，反而每况愈下，最终不得不留级。

我怀疑过自己的智商，质疑过自己的才能，唯一没有动摇过的，是一直学下去的坚持，以及对学习这项复杂行为的思考。终于，在初三短短一年的时间内，我成功闯入班级前15名，然后是前10名……最终成了为数不多的考入重点高中的学生之一。相反，一些曾经辉煌的学生却与重点高中失之交臂。

经过了这次大逆转，我领悟到，智商和以往的学习基础并不是取得优异成绩的关键。取得好成绩，最重要的是找到学习规律，用对方法。好的方法会让最一般的学生变得出色，糟糕的方法却会让最出色的学生变得平庸。

很多学生和家长也许都发现了一个奇怪的现象，一些在初中阶段出类拔萃的好学生，在进入高中后，往往会感到不适应，甚至就此离开优等生的行列。

是这些学生的智商发生了明显的变化吗？当然不是。是他们之前的学习基础发生了明显变化吗？也不是。一个显而易见，却又被很多人忽视的原因是：适合初中阶段的学习方法，往往并不适用于高中。我们或许都有所察觉，初中时老师对我们抓得很紧，每走一步都会细细嘱咐，而到了高中，课程量一下子加大，我们被要求活用有限的时间，提高学习效率，这时候再遵循初中时"踢一脚，走一步"的学习习惯，难免会惨遭淘汰。

最终，我们会发现，能为"学习之舟"掌舵的，既不是老师，也不是家长，而只能是我们自己。撰写本书的初衷，是希望帮助处于学习低谷的各位，成为自己学习的主宰，不管学习环境如何变化，都能一直立于不败之地。

本书的前四章，我建议你作为一个完整的模块，反复阅读。这四章将引领你走出层层迷雾，进入学习的本质与核心，并挖掘自身未被发现的学习潜力。当真正理解学习的内在规律后，你会发现学习并不是你想象中的那么难。

从第五章开始，我建议你把每一章作为一个独立的模块学习。在这些章节里，我会教给你学习的方法，这些方法有些比较传统，甚至有点老生常谈的味道；而有些则比较另类，甚至是你之前闻所未闻的，不过它们都有一个共同的特点——实用。对你来说，此时最重要的任务并不是把这些章节的文字读完，而是把它们付诸实践，直至形成习惯。只有把书中所说的方法转化为自然习惯，才能起到应有的作用。

在实践学习方法的过程中，我希望你能够把脚步放慢。在还没有把第
五章的方法转化成习惯之前，你不需要翻看第六章的内容，因为那对你毫无
意义。养成新习惯的行为本身也是一种习惯。一旦你有了养成新习惯的成功
经验，继续养成后面的习惯就容易多了。反之，如果第一次养成新习惯的时
候，你就举枪投降，下一次你也会很容易妥协。

如果你能严格按照我前面交代的步骤去做，相信不用把这本书读完，你
的学习成绩就会有非常明显的变化。相信到了那个时候，即便有人用刀架着
你的脖子，让你放弃继续读这本书，你也不会同意的。

如果你对本书的某一个章节特别感兴趣，可以直接翻过去看，以满足好
奇心。但是，当好奇心被满足后，希望你能重回轨道，按照本书的自然章节
顺序进行阅读。本书第十四章，请不要提前阅读，你将在这一章学习到一种
神奇的学习方法。为了不影响学习和阅读体验，我暂且隐瞒它的名字，不过
我能透露的一点是，最有效且最快速的学习方法就是把自己正在学习的东西
教给别人。

最后，我期待你能早日看清学习的真相，创造出属于自己的辉煌！

01

成功者的陷阱

　　成绩不好时，我们往往会下意识地向优等生看齐。奇怪的是，即使我们完美复制优等生的学习方法，成功却不会随之而来。问题到底出在哪里呢？

"近朱者赤"的误区

"近朱者赤"的现象确实存在,但并非万能。如果只忙于追逐成功者的脚步,而放弃自己的思考,反而会得不偿失。

相信大家都有过这样的经历:被父母想方设法送进最好的学校,或者最好的班级;被父母嘱咐多和成绩好的同学交流,或者向邻居优秀的某某学习。父母之所以这样说这样做,大抵是希望"近朱者赤"吧。

不止家长,其实大多数人都会下意识地认为,越接近优等生的学习习惯就越靠近优等生行列。我也曾有这样的经历,而且当时不仅仅是"接近",可以毫不夸张地说,我百分百复制了成功者的学习行为。

那是在初二的时候,当时我还是一个不折不扣的差生,每次看成绩单,从后面找我的名字都会更快捷。长此以往,班主任终于忍耐不住,下了最后通牒——如果在一个月后的期末考试中我的成绩没有明显起色,就必须接受留级处分。为了避免难堪的结果，心急如焚的父母只好求助于一位和我完全相反的典型——舅舅家的表哥。他不但成绩优异，还多才多艺，是很多女生的偶像。

接下来一个月，我有幸零距离观察表哥近乎完美的学习习惯和学习方法。为保万无一失，我们不但一起上下学，还一起吃饭、一起写作业、一起睡觉、一起起床。在舅舅的督促下，我还必须按照与表哥相同的时间和节奏学习。他拿起笔，我也必须拿起笔。他看书，我也必须看书。只有他休息的时候，我才可以休息。

毫无疑问，我成了表哥在学习行为上的复制品。但一个月后的结果，却是表哥如愿以偿地考进了重点高中，而我则在期末考试中大幅退步，成为班里第一个留级生。

不是说"近朱者赤"吗？但我的百分百学习复制为什么没能把表哥的成功也一并复制呢？稍加思考，你也许会质疑，表哥从小就保持良好的学习行为和习惯，而相比之下我只有短短一个月的学习积累，又怎么能创造奇迹呢？

那如果排除时间因素，甚至也排除我可能太笨或者表哥也许不够优秀的因素，"近朱者赤"的理论会不会就成立了呢？

篮球飞人是最好的教练吗

无论是不是篮球爱好者，相信都或多或少听说过迈克尔·乔丹的名字，他是篮球界最闪耀的明星，因高超的空中球技，人们尊称他为"篮球飞人"。与乔丹同时代登场的还有很多伟大的球员，但是当与乔丹率领的公牛队较量时，这些闪耀的明星都黯然失色。乔丹先后六次率领公牛队夺得NBA总冠军。这样的骄人战绩让全球范围内数不胜数的篮球爱好者希望成为他的学生。事实上，乔丹也出版了数张篮球教学DVD，但通过学习这些DVD而成为著名球员的例子却闻所未闻。

那么换作乔丹亲自指导，情况又将如何？

在乔丹退役赋闲后不久，他确实做了一支NBA球队的主教练，这个消息让整支球队都极为兴奋。大家认为，乔丹的到来意味着这支球队将距离总冠军更近。毕竟，NBA还很少能有拿到六次总冠军的篮球教练。但很遗憾，乔丹并没有再次创造奇迹。他在教练席上表现糟糕，以至于连最铁杆的乔丹球迷都建议他放弃主教练的职位。

最伟大的球员理所当然地掌握着最精湛的篮球技术。但是，当他想把这些最精湛的篮球技术传授给其他人时，却遭遇了前所未有的挫折。一个曾经以球员身份多次夺得总冠军的巨人，却无法教会他执掌的球队如何拿到总冠军的奖杯。

听起来不可思议，但事实确实如此。

不同于我短短一个月的临时抱佛脚，乔丹有充裕的时间，队员也基础扎实，乔丹本身更是技术超群，但球场上的王者却仍旧没法把一群本来底子就不错的学生带到目的地。

看来，无论是受教者还是施教者，都没法通过简单复制他人的成功秘诀而创造另一个成功。

"近朱者赤"的尝试虽然失败了，但也请先不要完全否认它的效果。总结他人的学习经验很有必要，站在巨人的肩膀上才能看得更远，只是在这之前，我们也许可以先来考虑站在哪位巨人的肩膀上会更舒服。

相信大家都听过"小马过河"的故事。一匹小马想渡河，却不知河水深浅，不敢轻易尝试。老黄牛讥笑小马胆怯，说河水只没过自己的脚踝。小松鼠则唱反调，说河水深得很，前几天还有个小伙伴淹死了。

老黄牛和小松鼠是"过河"的先行者，它们把自己的宝贵经验告诉了小马，就像我们面前有了许多优等生总结的学习经验，比较特殊的只是，老黄牛和小松鼠给出了完全相反的意见。如果你是小马，你会怎么做？

也许我们可以换个思维方式，把这则寓言故事用数学思维来分析解答。

问题是：小马能否安全过河？

已知条件是小马的身高、老黄牛的身高、小松鼠的身高，以及河水深度与老黄牛和小松鼠身高的对比。

怎么样？发现其中的奥秘了吧？

是的，正如你所想，稍加思索过后，小马只要比较一下自己的身高和老黄牛脚踝的高度，就能明白河水对于自己来说是否危险，能否安全渡河。

还记得一开始我惨遭降级的经历吗？也许当时的表哥就像老黄牛，而我则是小松鼠，盲目跟随表哥渡河的我难免"壮烈牺牲"。同样，在他人总结的学习经验面前，我们也可以像解答"小马过河"的问题一样，灵活切换思维角度，多思多想，筛选出真正对自己有用的信息，谋定而后动。

不放弃思考，不盲目跟随，这样才能最大限度地避免"近朱者未必赤"的徒劳无功。

其实，"近朱者赤"一开始是指和品德高尚的人在一起，自身的修养也能有所提升。后来渐渐挪用到学习中，被简单等同于向成绩好的人学习，自身成绩也能进步。但事实并非如此。

学习是复杂的过程，总结他人的学习经验很有必要，但这并不代表我们可以把希望寄托在别人身上。想走出学习困境，首先要做的，是丢弃对成功者的依赖，抛开"近朱者赤"的惯性思维，多思多想，谋定而后动。

谁才是你的榜样

如果你的朋友患了抑郁症，你会求助于一直健康的心理标兵还是求助于从抑郁症中走出来的康复者？在一贯的成功者与曾经的失败者之间，你会选择谁做引领你走出学习困境的指路明灯？

既然不能依赖成功者，那处于学习低谷的我们，该向谁求助呢？

现在，请你暂时把书放下，认真思考60秒后再翻开。在时间未到之前，请不要继续看下面的内容。

……

60秒到了？好吧，我们继续。你想出答案了吗？如果没有，请设想这样一种情境——与你感情最好的一个朋友被诊断患上了抑郁症。曾经开朗的他突然变得沉默寡言，甚至几度自杀。如今，他的妈妈放弃了自己的工作，全天守在他身边，以防出现任何意外。而你，作为他最好的朋友，正在想方设法帮助他。

现在，你找到了我。你听说我认识一些可能会帮助到你朋友的人。我给了你两个求助对象：第一个人的心理非常健康，从小到大，他从未被心理问题困扰过。第二个人有所不同，他曾经得过抑郁症，但通过自身的努力，最终走出了阴霾，恢复了心理健康。

请问，为了帮助你的朋友，你会选择哪个人作为你的求助对象？

从心理健康的角度看，第一个人是毫无疑问的成功者。但是此时你更需要的也许是第二个人，因为他遭遇过同样的问题，并成功地解决了。

放着一个极为明显的成功者不去求助，却转而求助那些曾经是失败者的家伙。这听上去有点不可思议。但是如果你希望你朋友走出低谷，这就是你的最佳选择。与你朋友有着相似处境的人就像一面镜子，如果他们可以走出困境，你朋友也可以。

读到这里，有些朋友可能会觉得疑惑：为什么一定要做这种"二选一"的选择呢？难道我们不能同时从两个人身上学习经验吗？

这样想的不止你一个。还记得上文提过的乔丹的故事吗？追随乔丹脚步的人，大多持有上面的想法，但并没有获得想象中的成功。

于是，新的问题随之而来了：成功者的方法为什么在我们身上不起作用？

我有一个朋友，他只有高中文凭，却凭借出色的推销本领白手起家，赚到了第一桶金。他给自己手下的推销员开会时，一再强调自己当年的"制胜法宝"——坚持。他常挂在嘴边的话是："坚持、坚持、再坚持！只要你不肯认输，只要你脸皮够厚，就总会有人买你推销的药品。即便今天你已经被拒绝了100次，也要毫不犹豫地去尝试第101次推销，也许成功就发生在下一次。"

但奇怪的是，无论他手下的推销员怎么做，都无法创造像他当年那样的辉煌。有些人不堪其苦而辞职。他觉得非常奇怪："我已经把成功的最大秘诀告诉你们了，为什么你们就是不肯再坚持一下呢？"

手下的推销员没能成功，真的如朋友说的那样，是因为没能坚持下去吗？坚持真的是他成功的主要原因吗？这可能有点难以判断，那我们来看一个更明显的例子。

我曾在国内某著名教育专家的书中看到一则优秀学生总结的学习方法。这位学生可以一边听课一边打"俄罗斯方块"，老师气不过，就问了他一个很难的问题，结果他很轻松地就解答了。老师虽然还是生气，却没有话讲，只好对他这种"一心二用"的行为听之任之了。于是，这位被国外知名大学录取的高才生便总结说，自己之所以如此优秀，正是因为在玩游戏的过程中锻炼出来的"一心二用"的本事。

能够被国外知名大学录取，足以证明该学生的优秀。但这并不代表他总结出来的经验也是优秀的。我们可以简单设想一下，让一个本来就难以把注意力全部放在课堂上的学生去玩手机游戏，他的成绩会怎样？

同理，我朋友的制胜法宝——坚持，是建立在他其他方面的事情都大致做对的前提之下的。他手下那些推销员本来就找不到正确的销售方式，却还一路坚持下去，不失败才怪。

我们必须了解，成功者总结的秘诀，有时候并不科学。就像上文提到的篮球飞人迈克尔·乔丹。他的大部分职业生涯都是身披23号战袍度过的，据说当年乔丹也曾经穿过其他号码的球衣，但都没有穿上23号战袍时发挥得出色。乔丹曾公开表示23号球衣能给他带来好运，并把这看作他成功的一个重要因素。

你觉得球衣号码真的和一个人的成功息息相关吗？有些人可能会说23号球衣能给乔丹带来心理上的鼓励作用，使他在球场上全力发挥，所以并非完全不科学。那我们再来看一个学习上经常能遇到的例子吧。

有些学生认为自己之所以成绩好是因为他们比较擅长熬夜。当别人沉浸在梦乡的时候，他们却在奋力前行，长此以往成绩能不好吗？

就科学的角度来看，熬夜最立竿见影的结果往往不是成绩的提高，而是学习效率的快速下降。根据大脑的工作原理，大脑在不同状态下的工作效率是不一样的。缺少睡眠会让大脑消耗氧气和葡萄糖的速度以几何级数增长。在这种状态下学习三个小时的效果，可能还比不上正常状态下一个小时的收获，而且睡眠缺失还会影响第二天白天的课堂学习。所以靠熬夜提高成绩的说法，其实是不科学的。

抛开科学与否的考量，我们还会发现一个问题：一些成功者总结的经验，有时候往往是完全相反的。

无论如何，"成功者的方法不管用了"。

这并不代表成功者的方法本身一定是错的。对于成功者本人来说，也许这些方法的确能够发挥作用，只是它们未必适合每一个人。如果你正处在学习的低谷，更应该虚心求教的对象也许不是那些一路高歌猛进的优等生，而是那些曾经遭遇过重大挫折，或者同样处于学习低谷，却依靠自己的努力爬上来的学生。

未尝败绩的成功者就像顺风疾驶的帆船，在顺风的情况下保持航速是非常容易的事，而在逆风的情况下则要付出数倍于前者的努力。习惯了胜利滋味的孩子很难体会在逆境中挣扎的艰辛，他们只有开顺风船的经验，却缺少在逆风中行进的体验，自然也就无法为挣扎在败局中的孩子提供有价值的意见和建议。而那些有过相似处境的曾经的失败者就像一面镜子，如果他们可以走出困境，处于逆境中的我们也一样可以。

第二章

你为什么成绩不好

02

成绩不好是因为不努力，或者不聪明？现实生活中，有人努力付出却没有回报，思维活跃却成绩不佳。成绩不好背后真正的原因，到底是什么？

成绩不好是谁的错

很多表面上看起来是主观的东西，其实都有着非常深刻的客观根源。看到一份糟糕的成绩单时，与其把精力浪费在责怪自己主观不努力上，不如冷静地想想，究竟是什么客观因素阻碍了我们的成功。

请允许我问你两个问题。

第一个问题：假如你们家的小狗在你刚刚洗好的被子上撒了一泡尿，你会怎么做？

第二个问题：假如你们家的小狗半夜里突然发起了高烧，你会怎么做？

无论你们家是否养过宠物，都请假设它确实存在。仔细想象一下这些情景，然后告诉我答案。

对于第一个问题，也许有些人会选择骂这只小狗，或者饿着它以示惩罚，甚至给予其他相应的惩罚。

而对于第二个问题，人们的回答也许会是给这个可怜的小家伙物理降温，也许会是找别人帮忙，也许会是送它去宠物医院……

你能想象相反的答案吗？是否会有人在小狗把尿撒在床上的时候送它上医院？是否会有人在小狗发烧的时候选择予以惩戒？

除了极少数心理不正常的人，恐怕绝大多数人都不会做出这样的选择。为什么我敢这么肯定？因为第一种情况下，绝大多数人都会判断小狗是主观故意捣乱，所以必须惩戒。而第二种情况下，绝大多数人都会判断发烧不是小狗主观故意造成的，所以不能对小狗施加惩罚。

人们的惩罚和奖励常常并不仅仅针对结果，更针对动机和出发点。所以刑事案件才会把主观是否故意作为量刑的重要参考。

但是且慢，我们做出的上述判断就绝对正确吗？小狗把床尿湿真的是出于主观故意吗？小狗感冒发烧真的不是主观故意的吗？如果这只小狗得了病，无法控制自己的排尿呢？如果这只小狗为了获得主人的怜爱，主动让自己感冒发烧呢？（虽然我们无法判断小狗是否会这样做，但是小孩子大多有过这种想法，甚至亲身实践过。）

这样一来，我们难免质疑，判断主观故意的标准真的像看上去那样可靠吗？

在自然界，动物们为了自保必须学会识别天敌并能够预测天敌的攻击行为，这种自我防卫渐渐形成了本能意识。我也曾为了自保而"进化"出类似的本能。作为一名标准的差生，责骂甚至是严惩对于小时候的我来说可谓是家常便饭。我当然知道哪些人是我的"天敌"，而哪些人又是我的朋友。判断这一点并不难，难的是对"天敌"攻击行为的预测。比如，当我拿着糟糕的成绩单回家的时候会不会挨打，和同桌玩搓橡皮的游戏会不会被老师揪耳朵之类的。事实上，我经常预测失误，在自认为没事的时候被老师抓到，并被狠骂一顿。

会心一笑的人，都是我的"伙伴"。当然，还有一个最最宝贵的经验我没有说，老师对学生的惩罚力度和老师心中隐藏的一个假设前提密切相关，那就是学生是不是主观故意犯错。如果老师判断学生并非主观故意犯错，即便结果比较严重，也不会重罚；但是如果老师判断学生犯错是出于主观故意，那就绝不会轻饶。

同样，当孩子拿着惨不忍睹的成绩单回家的时候，家长之所以会暴跳如雷，条件反射般地用批评和责罚来回应孩子"不像话"的成绩，是因为在家长心中也有这么一个隐藏的假设前提——孩子学习成绩不好，主要是他们主观上不努力造成的，所以该骂就骂、该打就打，也只有这样才能强迫孩子上进。

孩子学习成绩不好真的是他们主观故意的结果吗？

奥地利心理学家阿尔弗雷德·阿德勒早在20世纪初就曾经断言，每个人终其一生都在追求优越感，超越自卑感。这种积极向上的心理倾向存在于每一个人的心中，贯穿于人类社会发展历程的始终，没有人例外。阿德勒的话用通俗一点的语言表达就是——每个人都希望走上坡路，没有人希望走下坡路。如果一个人有能力把事情做好，他绝不会故意把事情搞砸！

所以，不要认为名落孙山的学生是主观故意的，也许他只是没有找到摆脱难堪位置的办法而已；不要认为不认真听课的学生是主观故意的，也许他只是跟不上老师的思路，暂时没找到认真听课的乐趣而已；不要认为总是完不成作业的学生是主观故意的，也许他只是还没形成良好的学习习惯而已……

绝大多数与学习有关的负面行为和负面结果都不是学生纯粹主观故意的结果，大多数看似主观故意造成的结果背后都有着深刻的客观原因。对于这一点，我有切身体会。

刚上小学那年，家里托人把我送进了全市最好的重点小学的重点班，也就是大家常说的实验班。和今天的大多数家长不同，我的父母对那所学校的重点班并不是很了解，只知道学校很重视这个班，并为它配备了非常好的老师。结果等我进了这个班之后父母才发现，除了我之外，班里的其他同学都已经在学前班学习了整整一年。小学一年级的课程对于他们来说只是复习而已，而我连数100个数都是在上小学的前一天才开始学的。

很自然的，老师讲课的时候是以那些已经学过一年的同学为基准的。简单地说，我输在了起跑线上。我总是记不住老师们留的作业，跟不上他们讲课的速度，听不懂他们提出的问题。而其他同学敏捷的反应更强化了我低人一等的自我感觉。第一次期中考试我毫无悬念地成为最后一名。班主任找来我的家长，说我不适合继续待在这个班级，并要求他们为我办理退学手续。

父亲非常干脆地拒绝了班主任的要求，并提出一个折中的方案，姑且让我在班里再待上大半年，等来年新年级入学了再说降级的问题，班主任答应了。在此后的半年里，父母一直耐心地扮演启蒙老师的角色，把所有最基本的学习程序，也是我一直欠缺的常识一一教给我——上课应该做什么，怎么聆听老师讲话，怎么看书，怎么写字，怎么才能记住老师留的作业……直到我对这些基本学习程序比较熟悉了才停止这种补习。

父母的努力是立竿见影的。一旦我找到自己的跑道，并且知道哪里才是终点，奔跑起来就舒服多了。到小学二年级时，我已经进入了班级的前20名。班主任自然再也不提退学的事情了。

这是一段难忘的经历。如果没有父母提供的额外帮助，不用等到初二，小学一年级的我就已经成为留级生了。请你告诉我，我在小学一年级的糟糕表现，是主观故意造成的，还是客观因素导致的？

看来，我们有必要重新检视一下"主观"与"客观"的概念。

所谓"主观"就是由人的意识直接支配的东西。而"客观"则正相反，是不依赖于人的意识、不以人的意志为转移的东西。请你以上述定义为标准做一下判断，以下几种现象是主观的，还是客观的？

问题一：心脏的跳动是主观的，还是客观的？

问题二：鼓掌是主观的，还是客观的？

问题三：呼吸是主观的，还是客观的？

仔细想想，别急着回答。

现在我们来揭晓答案：

问题一的答案毫无疑问是"客观"。人的心跳属于基本生命活动，由大脑中的低级中枢支配，而人的意识活动则是大脑皮层的功能。即便是大脑皮层不再活动，丧失了意识的植物人也能完成心跳这个动作。所以心跳是不依赖于人的意识的，因此是客观的。

问题二的答案是"主观"。鼓掌是依赖大脑皮层完成的动作，即必须有意识参与才能完成。此时此刻，你可以选择鼓掌，也可以选择不鼓掌。是否完成这个动作完全是你的意识支配的。

问题三比前两个复杂一些。在大部分时间里，呼吸是不受意识支配的，或者说是无须意识支配的。当你聚精会神地看这本书的时候，大概是不会注意到自己用什么样的节奏进行呼吸吧？反过来讲，如果我们的呼吸需要意识支配，那我们的生命将时刻处在危险的边缘，一旦我们看书、看电视入了迷，忘记了呼吸，我们的生命就将走向终结。想想看这是多可怕的事情！所以，呼吸主要是由低级中枢控制的自动行为。但这并不意味着我们的呼吸完全不受意识控制。比如，当我们参加比赛或者在公众面前演讲的时候，不免会有些紧张，这时如果我们能主动进行几次深呼吸，紧张的情绪就会慢慢缓和下来。这意味着呼吸又是部分地受意识支配的。

现在让我们思考一下"学习成绩不好究竟是主观故意造成的，还是客观因素导致的"。

为了方便讨论问题，我们就先拿直接导致学习成绩不好的某一个具体原因来分析吧，比如不认真听课。现在问题变成了"不认真听课是主观故意造成的，还是客观因素导致的"。

表面上看，听课不认真应该是主观故意的结果。起码从现象层面上看是这样的。那些上课打瞌睡、说闲话、玩手机的学生难道不是在意识的支配下做出这种行为的吗？但如果我们仔细思考一下，就会发现问题不像看上去那么简单。那些上课打瞌睡、说闲话、玩手机的学生并不是在一开始就选择放弃听课的。正如阿德勒所说，每个人心中都有着追求卓越、超越自卑的动力。但这种动力往往会受到一些客观因素的阻碍。

没有人会在一开始就故意与老师作对，也没有人会在一开始就主动选择放弃听课。导致他们不听课的初始原因往往都是客观的。可能是他们前一天晚上休息得很不好，所以白天听课没有精神，甚至打起了瞌睡；可能是他们的情绪发生了剧烈的波动，脑海里闪现的都是与那些情绪事件相关的东西，所以无法把自己的注意力集中在课堂上；可能是老师的讲课风格与自己的接受习惯存在巨大差异，所以没跟上老师的思路……

如果上述情况只是偶尔发生，问题还不大。可是一旦连续落下了几堂课，学生的知识体系发生重大缺漏，且难以在短时间内弥补时，麻烦就来了。旧的知识尚未消化，新的知识就接踵而至，不会的知识像滚雪球一样越滚越大。到了这个时候，是否认真听课就已经不是学生能主动选择的了。因为无论他多么努力，都无法听懂老师在讲什么。即便你能强迫他不睡觉、不说话、不做任何破坏课堂纪律的事情，但是你终究没有办法强迫他听懂这堂课。因为是否能听懂课不是学生能凭借意识自主选择的。我们都很清楚，在确定的时间、确定的地点，一个人的理解和接受能力是客观存在的，不是可以凭借主观意识随意改变的。

所以，很多表面上看起来是主观的东西，实质上都有客观因素在左右着。看到一份糟糕的成绩单时，与其把精力浪费在责怪自己主观不努力上，不如冷静地想想究竟是什么客观因素阻碍了我们的成功。

我们的一切行为都可以分成三类——受意识支配的、不受意识支配的和部分受意识支配的。如果你的行为导致了一个结果，而这种行为又是受意识支配的，那么可以认为这种结果是由你主观故意造成的。如果你的行为导致了一个结果，而这种行为是不受意识支配的，那么可以认为这种结果是由你意识以外的客观因素导致的。如果导致结果的行为部分受意识支配、部分不受意识支配，那么就需要具体问题具体分析了，看看哪些结果是你主观故意造成的、哪些又是客观因素导致的。

同样，"成绩不好"的原因也不能用只言片语来概括，毕竟"成绩不好"是一系列行为在一段时间内作用后的结果，既有客观原因也有主观原因。静下心来好好分析，也许就能找到病症的根源，对症下药。

建议配合二维码一起使用本书

入群与书友相互交流，高效阅读

好书推荐 » 社科资讯 » 书友交流社群

本书为您提供"入群与书友相互交流，高效阅读"主题服务，您可以通过以下步骤进行学习，事半功倍，高效学习。

微信扫码
获取本书配套服务

①【专享社群】
与同读本书的读者交流阅读感悟，分享好的阅读方法。

此外，读者还可以获取以下权益

②【必看资讯】
及时掌握最新的热点资讯。

★ **好书推荐**：与本书相关的社科文学类好书

★ **线下读书活动**：社科文学类相关线下读书活

"刻苦学习"的骗局

当长辈反复向孩子灌输"学习是痛苦的"这一观念时，实际上是把孩子推到了"讨厌学习"的一边，而不是"喜欢学习"的一边。而孩子讨厌学习的时候，就很难把自己的全部精力倾注在学习上了。即便他做出了努力的样子，也是勉强自己在做，效率必然不高，学习的结果也不会好。

一头野猪在深夜逃出了动物园的围栏，动物管理员费了九牛二虎之力才把它送回了围栏。为了防止此类事件再次发生，管理员把野猪园的围栏加高了两英尺（一英尺等于0.3048米）。第二天晚上野猪还是优哉游哉地溜达了出来，焦头烂额的管理员再次抓住了它，并把围栏加高了三英尺。没想到第三天晚上野猪又跑了出来，气急败坏的管理员把围栏加高五英尺。旁边围栏里的骆驼看了很不解，就问那头野猪："兄弟，今天晚上你还能逃出去吗？"野猪说："当然能，如果他们还是忘记锁门的话。"

从小，我们就被灌输这样的观念："一分耕耘，一分收获""吃得苦中苦，方为人上人""宝剑锋从磨砺出，梅花香自苦寒来""书山有路勤为径，学海无涯苦作舟"……

总之，只要努力奋斗，人人都能成功。

但是努力真的就能换来成功吗？想想上面那个可怜的动物管理员吧，你能说他不努力吗？你能说他没有奋斗吗？从态度和出发点上，我们没有任何理由指责这个管理员。但是，管理员的辛勤付出丝毫改变不了野猪不断偷跑的事实。

在这个世界上，并不是所有努力都会换来回报。即便是在能够换来回报的努力当中，努力与回报也并不像我们认为的那样成正比。甚至有些时候，努力越多，回报反而越少。

我读高三那年，学校来了一位复读生。这位老兄姓汪，比我们这些应届生的平均年龄大三岁，我们都叫他"老汪"。提起老汪，全校无人不知、无人不晓。据说他当年第一次参加高考的时候只报了一个志愿，那就是北大。在我们那个年代，能考上一个重点本科都已经很不容易了，北大对于大多数学生来说只是一个遥远的梦。所以你知道老汪当年的实力还是很强的，否则他不会有这样的自信。可惜天不遂人愿，那一年高考他以15分的分差与北大失之交臂。很多老师都为他惋惜，并鼓励他复读一年，事实上老汪也是这么做的。

第二年，他还是只报考了北大，差了28分；第三年差了31分。当老汪转到我们学校复读的时候，已经没有人能从他的外貌猜到他的实际年龄了。给我印象最深的是他那斑白的鬓角，还有一副比啤酒瓶底还厚的眼镜。他刚来的时候，很多人都以为他是其他学校调过来的老师。连存车棚的大爷都以为他是老师，不肯让他把自行车寄存在学生车棚里。因为这件事，我们还嘲笑过他。我现在还记得老汪那愤怒和无奈的表情。不过在高考失利的打击面前，这些烦恼简直不值一提。

我们所在的高中是全地区的重点学校，所以在学习时间上抓得很紧。早自习6点半开始，晚自习9点半结束。中间除了课间休息、午休和晚餐时间外，都是上课。如此高密度的学习安排让我们倍感痛苦，最让人苦恼的就是觉不够睡。但老汪却总是嫌自己睡得太多。据他同寝室的同学讲，这位老兄从来没在凌晨1点钟之前睡过觉，也从未在早晨5点钟之后起过床。白天上课的时候，我们这些睡了六七个小时的人还常犯困，但老汪的眼睛却瞪得像灯泡一样，虽然那灯泡的颜色是红的。

如果付出真的和回报成正比的话，我相信没有人比老汪更有资格进北大。但是，就在我们高考的那年，老汪的分数竟然比北大录取线低了60多分，他的北大梦几乎彻底被粉碎了。

从那以后，我就再没收到老汪的消息了。直到大三那年，我回母校看望老师的时候，在学校里意外地发现了老汪，这老兄竟然还在复读！老师们跟我说，老汪实在可怜，第四次高考的惨重失利让他几乎失去了活下去的勇气，中间还自杀过两次。不过在大家的帮助下，他还是挺了过来，并继续参加高考复习。只不过他的成绩是老太太过年——一年不如一年。如今以他的实力，就连考重点本科都成问题了。

这个结果不要说老汪，就连我这个局外人都感到难以接受。他把自己最宝贵的年华都给了高考，却只换回了无尽的失望。

你替老汪感叹命运不公吗？你是不是觉得一分耕耘就应该有一分收获，用功苦读就应该拿到好成绩？

不止你这样想，大多数人都会这样想。在学习这个问题上，我们的先辈们一直是这样教育我们的，而最典型的说教，莫过于"锥刺股"。

相信大家都听过这个故事，故事的主人公是战国时期的一个读书人，他的名字叫作苏秦。苏秦出生于商人世家，但他不愿安于富贵，为了实现远大的理想和抱负——成为成功的政治家，他选择了一条在他那个时代最传统不过的从政之路——游说。

苏秦花光了苦心积蓄的上千两黄金，动用了他当时能使用的一切手段，但结果却与他的想象完全不一样，首发站秦国并没有采纳他的建议，苏秦也没有得到任何官职，他几乎是被赶出王宫的。回家的路上，身无分文的苏秦不得不沿街乞讨，好不容易才回到家里。然而，此时的苏秦得到的并不是安慰和鼓励，而是蔑视和白眼。在苏家人看来，苏秦无非是个异想天开的败家子。

家人的蔑视给苏秦精神上带来了巨大的痛苦。这种痛苦甚至远远超过了肉体上遭受的磨难。摆在苏秦面前的道路只有两条：要么甘心接受命运的安排，老老实实地过日子；要么努力发奋，改变命运。苏秦选择了后者。

他把所有藏书都找了出来，从头到尾梳理一遍，力图发现一些有用的东西。最终，他在一堆竹简下面发现了一本叫作《阴符经》的书。由于年久失传，我们已经无从得知《阴符经》里究竟写了些什么。但是我们可以肯定，苏秦在这本书里找到了救命稻草。整整一年的时间，苏秦除了吃饭睡觉，剩余的大部分清醒时间都在研究这本书。

长时间阅读同一本书是非常枯燥的事情，读的次数多了，难免会困倦。为了让自己时刻保持清醒，苏秦在读书的时候准备了一把锥子。只要自己一打瞌睡，苏秦就拿锥子猛刺自己的大腿，刺得鲜血直流。

在度过了血淋淋的一年苦读后，苏秦觉得自己已经学到了真正的游说本领，便开始周游列国，要求各国君主联合起来，对付秦国。在苏秦强大的游说之下，各国君主纷纷响应苏秦的号召，结为同盟，共同对付秦国。而苏秦也由此成为六个国家的相国，其地位不次于今天的联合国秘书长。

这是一个典型的励志故事。反败为胜的逆转总是容易给人动力，让人振奋。所以成功学的讲师们才会乐此不疲地讲着这样的故事。与其他成功励志故事不同的是，苏秦的故事血腥气很浓，而这恰恰也是最吸引人的地方。所以后人总结苏秦的故事的时候，才活用了"锥刺股"这个典故。言外之意，只要我们肯吃苦，肯头悬梁，锥刺股，就能获得成功。

如果你也这么认为，那么我只能遗憾地对你说，你被欺骗了。一个故事中我们觉得最精彩的部分往往并不重要，真正重要的部分往往因为不够精彩而被讲故事的人一笔带过，甚至压根儿不提。

就苏秦的故事而言，最精彩的桥段莫过于"锥刺股"，但这与他后来的成功几乎没有任何关系！

请冷静地想一想，我们熟悉的成功人士中有多少人是通过这种极端手段成功的？换一个角度，如果苏秦不使用这些极端的手段，他会不会成功？

问题的关键并不在于苏秦是否刻苦，而在于他为什么肯吃苦。一个曾经锦衣玉食的人为什么能闭关苦修整整一年？

答案是他的观念发生了变化。在他看来，被自己的家人蔑视是让人无法容忍的痛苦。为了尽快结束这种痛苦，他必须改变现状。而只有读书才能改变他的现状，所以他才会发奋读书。简单地说，苏秦转变了观念，并找到了前进的动力。这才是他成功的关键。在人的诸多改变中，最具决定性意义的变化是观念的变化。如果观念不变，即便全世界最有利于成功的条件都给了我们，我们也很有可能失败。如果观念发生了改变，即便一切客观条件都对我们不利，我们也有能力排除万难，直到成功的那一天。

观念之外的其他细节都是无关紧要的点缀。而讲故事的人和听故事的人却恰恰执着于这些无关紧要的点缀，所以才有了我们对苏秦的误解。

"学习必须吃苦""吃得苦中苦，方为人上人""书山有路勤为径，学海无涯苦作舟"，古人常挂在嘴边的这些经典废话不知坑害了多少人，不知有多少孩子热爱学习的火苗被这些赤裸裸的恫吓浇灭了！

我们都知道，人类的本性是追求快乐、逃避痛苦的。连那些花花草草都知道要尽量长得高一些，好接受更多的阳光，远离黑暗。可见这种本性也许是源自我们的生物基因。一件事和快乐联系在一起时，我们就更愿意去做这件事。一件事和痛苦联系在一起时，我们就不愿意做这件事。所以，如果有一位喜欢的人相伴，即便是再艰苦的劳动也会变得趣味横生。而如果是和讨厌的人在一起，即便是玩游戏也会觉得索然无味。

所以，当长辈反复向孩子灌输"学习是痛苦的"这一观念时，实际上是把孩子推到了"讨厌学习"的一边，而不是"喜欢学习"的一边。而孩子讨厌学习的时候，就很难把自己的全部精力倾注在学习上了。即便他做出了努力的样子，也是勉强自己在做，效率必然不高，学习的结果也不会好。

　　所以，学习好不好和吃不吃苦没有必然联系。我学生时代体重长得最快的阶段就是高三，基本上那时候我体重的增加速度和我分数的增加速度是成正比的。

　　讲到这儿，有人可能会说：不对啊，我身边的张三、李四和王二都是埋头学习的好学生。他们趴在桌子上一学就是一晚上，看起来很累的样子。难道这还不算吃苦吗？

　　我们必须讲清楚，吃苦和受累是两回事。我们做喜欢的事情时，即便再累也是幸福的。比如，你喜欢打游戏，一打就是三四个小时，打得腰酸背痛腿抽筋，你累不累？肯定累。那么你觉得自己是在受苦还是在享受？

　　再比如，你喜欢唱卡拉OK，一唱就是两个小时，嗓子都唱哑了，请问你累不累？肯定累。那么你觉得自己是在受苦还是在享受？

　　现在，你还会把受累和吃苦看作一回事吗？我们以为那些好学生埋头学习在吃苦，实际上人家心里快乐着呢。这叫作"累并快乐着"。而那些不愿意学习却被老师和家长们硬逼着听课的学生，虽然只是静静地坐在那里，什么也没做，却难受得像热锅上的蚂蚁，那份痛苦的滋味我相信很多人都领教过。

　　苏秦之所以能把学习坚持下去，绝不是因为他用锥子扎自己的大腿，而是他在学习的过程中找到了成就感和快乐。如果他无论怎么学习都找不到成就感和快乐，即便他把自己的大腿扎成筛子也无济于事。

八里桥大屠杀

　　电影《火烧圆明园》中曾演绎了中国近代史上最为惨烈的一次战斗：作战的一方是入侵北京的英法联军，而另一方则是清王朝最精锐的部队——由僧格林沁指挥的蒙古骑兵。双方选择的主战场是北京附近的八里桥。战斗开始后，中国的骑兵队挥舞着大刀和长矛，喊着雄壮的口号，一波波地向英法联军冲锋。而英法联军一边，却不慌不忙装填着炮弹和滑膛枪的弹药。当清军进入攻击范围后，英法联军的大炮和滑膛枪一齐开火，缺乏热兵器作战经验的骑兵队开始一排排地倒下。

让英法联军的军官和士兵不解的是，面对实力上的巨大差距，中国的骑兵们不但没有后撤，反而更加频繁地发动进攻，当然，每一轮进攻都没有人能够活下来。即便个别英勇的中国骑兵已经冲到了距离英法联军指挥所五十米左右的地方，他还是无法避免成为活靶子的命运。

整个战斗从早上7点打到中午12点，持续了整整五个小时。五个小时之前，八里桥上还有数万名活生生的中国士兵。而五个小时之后，他们中的绝大多数人都变成了残缺的尸体。而英法联军只损失了区区12名士兵。

这场战斗为什么会输？是因为中国的军队不够努力吗？

清军将士们不要命的冲锋让身为敌人的指挥官们都感慨不已。英军将领在回忆录中记载，在八里桥指挥战斗的清军旗手在炮弹的狂轰滥炸下岿然不动，至死都紧紧握着那杆军旗。如果不是最后的那发炮弹让这名旗手尸骨全无的话，他们本想活捉这名士兵并研究一下。

可惜单凭勇敢无法改变战争的结果，仅凭拼命也无法改变清王朝的命运。对于这场战斗，很多人都说中国军队是输在武器上。这的确是很重要的原因，但远不是全部。冯婉贞凭借着大刀长矛，还不是一样打跑了外国侵略者？中日甲午海战中，我们拥有亚洲第一的北洋舰队，还不是一样让日本人全部歼灭？

战争不是扛沙袋，不是砸石头，不是单凭蛮力就能取胜的。战争与人类从事的其他智力活动一样，有着非常微妙的内在规律。谁能掌握并运用规律，谁就能获得胜利；反之，则会失败。

学习与人类从事的其他智力活动一样，有着非常微妙的内在规律。遵循这些规律，学习就会进步；违背就会倒退。

如果罔顾学习背后潜在的规律，那么越努力，只会让事情变得越糟糕。事实上，努力与否只关乎我们前进的速度，而是否合乎规律则决定着我们前进的方向。一旦我们走在错误的方向上，再多的努力，也只能加速我们的失败罢了。

高智商是必需的吗

人类的智商是呈钟形曲线分布的，也就是说，天才和白痴在人类的群体中都是极少数，我们中的绝大多数在智商上只是普通人。中人之姿的我们也有成绩优劣之分，看来这与智商的高低并没有太大关系。

初二那年，我们班转来一位同学，大家都叫他小程。小程看上去黑黑瘦瘦的，像一根弯曲的豆芽菜，但力气却大得惊人，体育成绩也特别优秀。小程给我们留下最深刻印象的，并不是他在体育课上的表现，而是他的智商。

在我们念书的那个年代，测量智商还是一件非常稀罕的事情。除了明显存在智力障碍的人外，基本上没人会去主动测智商。但我们这些男生私下里总结了一些测量智商的方法，虽然比不上专业的比奈量表，却也八九不离十。小程转到我们班后，我和几个死党私下商量了一下，决定对这位新来的同学进行一下"智力测量"。

我们选择的测量地点是学校对面的一间民房，而测量工具则是这家地下游戏厅里的街机。我至今仍然清晰地记得，那一天小程同学选择的是《落日骑士》。这是一款新出的街机游戏，难度非常高，敌人的子弹常常像下雨一样落到主角身上，一个游戏币投进去，往往不到5分钟就会挂掉。看到小程投了游戏币后，我们哥儿几个都围了过来，甚至有人亮出了手表，大家都想看看他能撑多久。

5分钟过去了，他操纵的角色没有死；10分钟过去了，角色依旧安然无恙；40分钟过去了，主角依然屹立不倒……

当小程穿版（游戏术语，通关的意思）时，我们哥儿几个脚都站麻了。负责计时的那位同学看得入了神，都忘记计算时间了。最精彩的是，老板也凑过来看，并宣布小程同学是游戏厅里第一个能够将《落日骑士》一命通关的高手。

用今天的话讲，小程同学就是游戏达人。要是给游戏杂志寄个游戏攻略录像什么的，没准儿还能混点稿费。但我们那个年代没有这些，有的只是精神上的奖励。以后我们去游戏厅总是叫上小程同学，时不时地让他给大家演示一下通关绝技。

看到这儿，有些读者可能会疑惑，智商和玩游戏有关系吗？

作为一名拥有十多年教龄的一线教师、一名国家级心理咨询师、一名"骨灰级"玩家，我可以很负责任地告诉你，有关系。

任何专业的智力测量都是先把人的智力分成许多不同的层面，然后再有针对性地设计一些问题让人来回答，最后，再根据大多数人的回答情况来确定你的智力商数。

理论上，如果一样东西可以考查人类智力的某些层面，那它就可以成为智力测量工具。粗粗计算一下，视频游戏起码可以考查一个人的记忆能力、理解能力、分析和解决问题的能力、反应速度等等。虽然无法与专业的智力测量工具相提并论，但我们还是可以从玩游戏的过程中粗略地判断出一个人的智力水平。

智力水平，在学习过程中是一个很难被忽视的因素。

当一个孩子在学习上遭遇挫折的时候，最先蹦到他脑子里的问题往往是"为什么"。而关心他学习成绩的人，比如家长，也会很自然地想了解这其中的究竟。

猜猜看，如果一个成绩糟糕的孩子平时压根儿没有努力学习过，他的家长会怎么说？

反过来，如果一个孩子平时非常努力地学习，家长们又会如何解释成绩为什么还是这么糟糕？

对于前一种情况，家长们通常会解释："我们家孩子的脑袋其实挺聪明的，可他就是不往正地方上用。"

对于后一种情况，家长们却常常给出完全不同的解释："我们家孩子已经很用功了，可惜他脑子太笨，就是学不明白。"

听上去很熟悉，是不是？我们身边的大多数家长，甚至包括老师，都习惯使用这种简单的、近似于公式化的方式去解释学生的成绩。对于前一种情况，因为很多人在潜意识里都认为，当一个孩子的成绩极度落后时，只有高智商的存在才有可能让他们翻盘。所以，老师和家长们的解释与其说是一种鼓励，还不如说是一种希望。

后一种解释看似是一种安慰，其实是在表达绝望的情绪。用这种方式解释成绩的落后，实际上等于暗示孩子，你已经尽力了，无论你做什么，你的成绩都不会变得更好。在这里，帮助我们做出判断的最关键因素还是智商。

可见，无论我们认为一个成绩落后的孩子是有希望还是没希望，都会依据他的智商来做出判断。在很多人心目中，智商差不多是影响学习成绩的最重要因素。

可事实真的如此吗？

对这个问题的任何过分简单的回答，都是不足以采信的。众所周知，人类的智商是呈钟形曲线分布的。换句话说，天才和白痴在人类群体中都是极少数，绝大多数人在智商上只是普通人。如果讨论智商对学习的影响，就必须把极端情况和普通情况分开才行。

在极端情况下，智商对学习成绩的影响是十分明显的，而且很难被后天努力所逆转。但是，我们中的绝大多数人既不是智商超过150的天才，也不是智商低于60的智力障碍者，而是介于二者之间的普通人。

更重要的是，学校里组织的考试在很大程度上并不是在考查一个人的智商。如果我们把考试看作一种游戏的话，这个游戏有着自己独立的游戏规则（关于这些游戏规则，我们在后面的章节中会详细介绍）。那些洞悉了游戏规则的人，即便智商非常平庸，也可以凭借丰富的技巧和经验轻而易举地打败高智商的学生。

总之，智商与学习成绩并没有太大的关联。如果你一定认为学习好就等于聪明的话，我可以告诉你：只要用对方法，任何人都可以在很短的时间内变得"聪明"起来。

还记得那个游戏达人小程吗？小程虽然很聪明，但学习成绩却很烂，后来小程连自费中专都考不上；而我则上了高中，接着也上了大学。

也许你会问，既然小程比我聪明，为什么却是我获得了学业上的成功？

这个问题在我念高中那会儿还没怎么想明白，直到上了大学，有了闲暇时间，我才开始认真思考这个问题。

为什么我能考进重点高中？是因为我聪明吗？绝对不是，这点自知之明我还是有的。我的同学里有很多真正聪明之辈，包括小程同学，但不包括我。是因为我足够努力吗？这倒是原因之一，在初三的最后半年，我的确披星戴月地猛学了一阵。不过现在回想起来，我的同学们付出的努力也不比我少，所有同学都是6点半上早课，晚上9点半下晚课，谁不是披星戴月呢？即便是放学后回家的学习时间，我也远不是班级里比较多的。我天生怕熬夜，每天不到11点就开始犯困。上初三头几天，我还尝试着开夜车到12点，结果第二天困得眼皮都睁不开，没办法，只好恢复每天11点上床睡觉的习惯，一直到中考。

　　既然我并不聪明，也不是最努力的，那我凭什么能在千军万马的独木桥上挤进重点高中呢？这要感谢我在初二复读那年发生的一起偶然事件。从概率学上讲，这是一起典型的小概率事件。没有人能够预见，更没有人能够决定它的发生。即便它已经发生了，作为当事人的我也并没有立刻明白这件事对于我的意义。直到六年后我开始系统研究学习方法，并把自己作为研究对象时，我才惊奇地发现这件事对于我的决定性意义。从这件事入手，我才得以揭开好成绩的真相，破解学习的奥秘，并将这些年的研究发现记录在这本书中。

　　大家也许做过智力测试，出来的结果大概也会有高下之分，但要知道，每个人的智商表现并不是一个固定的数值，而是一个不断浮动的数值区间。任何一个正常人，在不同时期去做两次完全一样的智商测试，可能得到两个完全不同的智力商数。比如，在高兴的时候测试和在悲伤的时候测试，在吃饱的时候测试和在饿肚子的时候测试，得出的结果很可能大不一样。处在正常智力区间下游的同学，如果状态足够好的话，完全可能比正常智力区间上游的同学在状态不好的情况下表现得好得多。

　　所以，不要再拿"不聪明"当挡箭牌，不要以为自己是"特殊"的那个。其实你跟身边大多数人一样，既不很聪明也不很愚蠢，之所以至今没有成功，大概是因为还没"开窍"。等你洞悉学习的规律之后，相信你也会对学习得心应手起来。

先慢后快的过程

学习并不是一个均衡前进的过程，它在某些阶段很难进步，在某些阶段却又进步神速。如果对此一无所知，我们很可能会在中途放弃，相反只要有所了解，我们迈向终点的脚步就能变得坚定不移。

很多人都会一厢情愿地假想出这样一个理想的世界：在这个世界里，绝对的公平是存在的，没有人不劳而获，也没有人辛劳无获。每一分耕耘的背后总是对应着一分收获。就像一分价钱一分货，绝对公平，童叟无欺。

但假如世界真的如此简单，我们身边也就不会存在这么多纷争和误会了。每个人都有幻想理想世界的权利，但是如果你一定要把幻想当作现实，最终只会蒙蔽自己的双眼。

"一分耕耘，一分收获"原本是用来激励学生用功读书的。但讽刺的是，很多学生恰恰是因为相信了"一分耕耘，一分收获"才失去了继续努力的勇气——因为他们付出了一次又一次努力，却迟迟看不到收获的到来。

努力付出，却没有收获？看上去很不公平，但这却是学习过程中再常见不过的现象。除非你真正懂得学习的规律，并严格按照规律去学习，否则注定要成为"劳而无获"的牺牲品。

学习的规律？我知道这听上去有点神秘，不过大多数学习的规律都是大家耳熟能详的，例如艾宾浩斯曲线。

无论你是否研究过"记忆力"，都应该听过"艾宾浩斯曲线"这个名词。如果你希望提高自己的记忆力，艾宾浩斯曲线绝对是你第一时间需要了解的知识。

艾宾浩斯是一位记忆学家，他做的最了不起的事情便是破解了人类遗忘的规律。

在艾宾浩斯从事这项研究之前，我们一直认为人类遗忘事情的速度是均衡的。好比从现在开始一小时之内我忘记了三个英文单词。那么再过一个小时，我又会忘记三个英文单词，直到忘光。这样的推理与我们的直觉差不多，但可惜这不是事实。艾宾浩斯通过记忆无意义的音节来研究遗忘的规律。他先是用机械重复的方法记下了一组他自己发明的、没有任何实际意义的音节。每隔一段时间，他便会检测那组音节，看看还能记住多少。

通过反复实验，艾宾浩斯发现自己遗忘的速度是不均衡的。在记忆完成后的第一个24小时里，他的遗忘速度是最快的，大约70%的内容会在这段时间内被遗忘。而此后遗忘的速度就骤然变慢，在很长一段时间内艾宾浩斯的记忆量都维持在20%左右。此后，艾宾浩斯又使用其他记忆材料进行实验，结论都大同小异。他确认自己找到了人类遗忘的规律，并公布了自己的研究成果。

艾宾浩斯的实验在学术界掀起了轩然大波。因为"先快后慢"的遗忘规律与人们的直觉正好相反。不过真金不怕火炼，经过实验，如今绝大多数学者都接受了艾宾浩斯的遗忘曲线。

就我个人而言，艾宾浩斯的贡献绝不仅仅是发现了遗忘的规律，他的实验在根本上动摇了学习过程均衡论的观念，即"一分耕耘，一分收获"的观点。

如果人类遗忘学习资料的速度是不均衡的，那么很明显，人类的其他学习过程也极有可能是不均衡的。比如，学生的努力付出与成绩的提高幅度之间的关系就是不均衡的。

如果你骑过自行车的话，请想象一下自己骑自行车时的情景吧。在你刚开始骑上车子的时候，即便用尽全力，车子的速度也不会很快。如果你是个急性子，也许还要抬起屁股把全身的力量轮流压在左右脚上来加快踏板旋转的速度。可是一旦车子的速度达到某个临界值，你就会觉得车子一下子轻了很多，你不需要花多少力气也可以让车子行驶如飞。

学习的过程和骑自行车的过程非常相似。它绝不是"一分耕耘，一分收获"的均衡进程。相反，在你刚开始攒足精力学习的时候，成绩的提升幅度会很慢很慢，甚至会出现短暂的倒退。正是这种早期成绩提升的超慢速度和小幅度倒退让很多学生失去了信心。如果你曾经在某个学科上努力过，却发现成绩不升反降，我相信你就能明白我说的话。

但是，如果这个时候你能继续保持努力状态的话，就像给足了初始速度的自行车一样，你会看到十分明显的进步，学习也会越来越轻松。反之，如果在这个阶段你选择了放弃，那么你前期曾经付出的努力便会付诸东流。也许，在沉寂了一段时间后，你又开始在这个学科上发力。这个时候你又会经历初始加速时必然经历的困难，如果你再一次沮丧地放弃，就等于再一次浪费了自己宝贵的时间和精力。

讲到这里，相信你已经明白，学习成绩的提升是一个先慢后快的过程。与你想象中的可能稍有不同，成绩提升的"酝酿期"要比"加速期"长很多。想在一个月之内将自己的成绩提高50分以上吗？这完全可能，不过在此之前你可能需要持续努力半年之久。

从这个意义上讲，很多补习学校宣传自己的学生能够在很短的时间内将成绩提高几十分甚至上百分，未必是谎言。如果这个学生完成了前期的"资本原始积累"，迅速提升成绩只是水到渠成的事情。只不过很少有人会告诉你，在成绩起飞之前，你需要持续努力多久。

我们接触一个全新的学科或者全新的知识时，由于一开始还没有摸清规律，就像在陌生的城市行走，总是找不到正确的方向。"从无到有地去接触、了解、吸收一个个概念，再把概念之间的关系摸清，进而延伸出知识网络"，这个过程，是每一个人都必须经历的"学习筑基期"。其过程必然是困难又缓慢的。可是一旦我们走好了这一步，接下来的事情就简单了。处于上升期的我们会像在家中一样自在，闭着眼睛都能找到目标。这样一来，成绩的迅速提升，也就是水到渠成的事情了。

第三章

我是谁

因为成绩不好，所以对学习失去了信心，还是因为对学习失去了信心，所以成绩不好？到底怎样的自我观念才能引领我们走向成功？

神奇的自我观念

> 稳定的自我观念像一把双刃剑。一方面，当自我观念是积极的、正确的时候，它的稳定会让我们不断走向成功。另一方面，当自我观念是消极的、错误的时候，它的稳定也会不断地把我们拖入深渊。

很多年前，成龙大哥出演过一部动作电影，名叫《我是谁》。影片的主角是一位失忆症患者，他一路艰辛，最终打败了坏蛋，并拯救了世界。不过遗憾的是，他仍然不知道自己是谁。

无法识别自我是非常痛苦的。想象一下，我们看着镜子里的那个人，却无法确定那个人是不是自己时，会是怎样一种心情。拥有正常记忆能力的我们虽然无须承受这种痛苦，却生活在另一种危险中。

与肉体永不停歇的更新和变化相比，我们的精神世界显得相对稳定。尤其是一个人对自己的评价和认知，更是所有观念中最为稳定的东西。我们把这些对自己的评价和认知叫作"自我观念"。正是由于自我观念的稳定性，我们才不会像《我是谁》中的成龙一样，每次照镜子时都要询问一遍这个人是不是自己。正常人即便在肉体层面上发生了比较明显的变化，他们的自我观念仍然可以保持基本不变。"无论何时何地，我就是我"，这不会有错。

然而，稳定的自我观念就像一把双刃剑。一方面，当自我观念是积极的、正确的时候，它的稳定会让我们不断走向成功。另一方面，当自我观念是消极的、错误的时候，它的稳定也会不断地把我们拖入深渊。

2006年在云南野象谷，我生平第一次见到了真正的大象。我们不但可以拿香蕉喂食大象，还可以坐在它的身上与它合影，甚至与它拔河。大象在与游客互动的过程中表现得特别温顺，就像蜷缩在沙发里的猫咪。在后台，我看到那些没有表演任务的大象只是简单地被一根细细的铁链系在木桩上，旁边并没有人看管。我觉得很奇怪，刚才我们20个成年人使出吃奶的力气与大象拔河，却被它的鼻子卷得人仰马翻，一根小小的铁链怎么可能困得住它呢？

我把心中的疑问抛给了驯兽师，这位皮肤黝黑的中年汉子憨憨一乐，道出了不为外人所知的隐情……

原来，所有马戏团的大象在很小的时候就开始接受训练。当年束缚它们的也是这样一条铁链和钉在地上的木桩。不过那时候小象们的力气还不大，每次挣脱都会以失败告终。久而久之，它们也就不再尝试了。只要驯兽师牵过铁链，小象们就会乖乖跟着走。

如今，小象们已经长成了大象，它们的力气已经可以轻松地挣脱铁链了。不过在它们心中，那根铁链仍然像自己年幼时一样牢不可破。

由此可见，挣脱外在的束缚很容易，但挣脱内心的束缚却很难。

我们内心所深信不疑的，常常就成了现实。在西方，有人把这种现象叫作皮格马利翁效应。

皮格马利翁是西方神话中的国王和雕塑家。有一天他雕刻出一座美丽的少女石像。看着自己的作品，皮格马利翁惊呆了。虽然这尊雕塑出自他手，但是之前他也从未见过如此美丽的人。于是，他便天天注视着少女的石像，对着她说话，好像她是真正的人一般。偶然有一天，神仙在天上看到了这一幕，他被皮格马利翁的热情感动了，便使出法术，让雕塑变成了真正的少女，皮格马利翁终于和心爱的人走在了一起。

对于不了解心理学的人来说，这只是一个神话；但是对于心理学家来说，这是一个可以复制的事实。

1968年，美国著名心理学家罗森塔尔在教育领域做了一项大胆的实验。他来到一所小学，对全校18个班级进行了七项测试。通过这些测试，罗森塔尔宣称自己发现了最有前途的学生。他把名单交给校长和教师，并一再强调要严守秘密。

实际上，根本不存在什么前途测试。那份所谓的"最有前途的学生名单"只是罗森塔尔随机抽取出来的。当然，真实情况只有罗森塔尔和他的助手知晓。

在取得校长和教师的保密承诺后，罗森塔尔离开了这所小学。以后很长一段时间里，他也没有和这所学校的教师和学生进行过任何接触。

八个月后，罗森塔尔及助手再次来到这所小学，并对之前通过"测试"挑选出来的"最有前途"的学生进行了跟踪调查，结果令人吃惊：大部分学生的成绩都获得了明显提高，他们看起来的确"更有前途"了。更令人吃惊的是，这些学生不只是成绩有了起色，连性格也变得开朗起来。他们的自信心以及与别人打交道的能力也增强了。

看上去，这些学生就像拿到了剧本，在按照罗森塔尔的指示演戏。而事实上，他们对于自己的"身份"并不知情。为什么这些随机挑选出来的学生会表现优异呢？罗森塔尔和他的工作人员对此进行了大量研究。结果出乎所有人的意料，改变学生们的，并不是那份名单，更不是罗森塔尔本人，而是他们心中的自我观念。

对于自我观念的深刻影响，我本人也有所体会。

我的母亲在年轻的时候曾经做过政府机关的打字员。20世纪80年代所谓的"打字"，并不是指计算机打字，而是要求一个成熟的打字员记住几千个刻有汉字的铅块的位置，并在需要的时候把它们迅速地找出来，放在正确的位置。

怎么样？很有难度吧？但是我的母亲却认为这是世界上最简单的工作。在所有同行中，母亲打字总是又快又准，让人羡慕。

多年后，母亲退休在家，我给她配了一台电脑来打发时间。本以为曾经做过专业打字员的她会很容易地学会打字，没想到她怎么也学不会。我曾经几次亲自演示打字的各个环节，并告诉她指法的要点。但是她却说："电脑是你们年轻人的东西，妈妈年纪太大，学不会了。"

直到今天，我的母亲也没有学会打字。你能想象一个有能力记住几千个铅字位置的专业打字员，却无法学会用二十几个电脑键位打字吗？

可能有人会说，你母亲学习铅字印刷时还很年轻，那个时候她的学习能力很强；而你教她打字的时候她已经年过半百，记忆能力和动手能力都大幅度下降，学不会也很正常。

这样的说法听起来有点道理，但其实并不完全正确。

根据心理学分析，人的学习能力并不是随着年龄的增长直线下降的。虽然脑细胞会随着人的年龄增长不断死亡，但是由于脑细胞的总量非常庞大，普通人的大脑直到70岁还能保留超过95%的脑细胞，如此庞大的神经库足以应付任何学习任务。另外，虽然老年人的机械记忆能力与年轻时相比有所下降，但他们却拥有更强的理解能力。这在很大程度上可以弥补由于机械记忆能力下降带来的不足。从事实层面上讲，很多老年人可以轻松学会打字，我父亲就是其中之一，而且他的年龄比我母亲还大。年龄大根本不足以成为学习打字的决定性障碍。

那真正的障碍在哪里呢？

请回头看，答案就隐藏在我母亲学习打字的那段故事中。

…………

你找到答案了吗？没错，真正的障碍就是我母亲的那句话——"电脑是你们年轻人的东西，妈妈年纪太大，学不会了。"

人的自我观念具有无穷的威力。无论你认为自己"能做到"还是"不能做到"，你都是对的。自我观念会在潜移默化中引导每个人的行为，最终帮助我们实现"自我观念"中的内容。

心理学上把这种现象叫作"自我实现"。

读到这里，请你反思一下，你对于学习的"自我观念"是怎样理解的？你觉得学习有趣吗？你觉得语文好学吗？数学好学吗？外语好学吗？

你对上述问题的回答既折射出你对学习的自我观念，也折射出你正在经历的现实。因为一个人的自我观念在经过"自我实现"后会变成事实，所以自我观念一旦形成，便具有相当的稳定性。大多数人不会质疑自己正在经历的事实，所以，他们也很少会反思自己的自我观念，大多数人都会理所当然地把自我观念看成现实生活本身，以至于真的让虚幻的"想当然"变成客观事实。

生活中处处充满变化，当这些变化降临到我们面前的时候，持有积极自我观念的人会把它们看作机会，并尽力加以把握。最终，这些原本看起来不像机会的变化真的成了难得的机遇，并帮助人们获得了成功。当同样的变化降临到持有消极自我观念的人面前时，这些变化就变成了灾难，那些消极的想法会导致一系列消极的反应，最终让真正的机遇与我们擦肩而过。

同样，相信自己有足够天分的孩子，相信自己擅长某个学科的孩子，相信自己对学习很感兴趣的孩子，即便遭遇一些挫折，也能轻松克服，并保持成绩的稳定增长。而那些不相信自己有能力学好的孩子，那些认为自己根本不适合学习某个学科的孩子，那些认为学习很无聊的孩子，即便偶然遭遇成绩的反弹上升，也只能是昙花一现，因为他们会把这种成绩反弹看成偶然。当低谷再次来临时，他们又会认为这才是必然，并更加确信自己之前所持有的消极自我观念，最终进入恶性循环，难寻出路。

读完本章，想要分享阅读感悟？
好书推荐 » 社科资讯 » 书友交流社群
◀ 微信扫码，获取本书配套服务

改变自我观念

> 自我观念最大的特点在于它的稳定性。自我观念一经形成，便不会轻易改变，但这并不意味着自我观念无法改变。

如果我们仔细回顾自己的成长历程，便会发现，我们获得的绝大多数自我观念都是在他人的影响下形成的。就好比，如果你想知道自己的发型有没有整理好、脸上是否还残存着饭粒、衣服是否合身，你会怎么做？当然是找一面镜子检查一番。

别人的看法就像镜子，让我们了解到自己究竟是一个怎样的人。离开了社会评价这面镜子，我们便无从知晓自己的位置。

如果大家都说我是一个很外向的人，我就会觉得自己很外向，甚至在得知这一评价后会表现得更加开朗善谈。如果大家都说我是一个很内向的人，我就会觉得自己很内向，在得知这一评价后，我很可能会表现得更加内敛谨慎。

但有时候，"镜子"所折射出来的信息却并不真实。当他人对我们做出错误的评价时，我们很可能会形成错误的自我观念，并沿着错误的轨迹发展自我。错误的观念会导致错误的结果，而错误的结果又会反过来印证错误的观念……

这个无限循环的过程就是"自我实现"的过程。

想改变由错误的"自我观念"导致的错误的"自我实现"，必须对自我观念进行更充分的了解。知己知彼，百战不殆。

自我观念在我们的头脑中并不是清晰的文字和语言。

我们干脆利落地回答老师的问题时，没有人会一边喊着"我真是个天才"一边坐下。也没有人会在考试不及格后，一边看着卷子一边大声说"我真是个笨蛋"。自我观念通常不会以有声的语言表现出来，它只是一种感觉。

比如我们在体育课上测试立定跳远。在参加之前，每个人的心中都会有某种感觉，如果你感觉很轻松，甚至有点兴奋，那便说明你认为"自己是擅长立定跳远的人"。反之，如果你脸红心跳，手心出汗，紧张得不得了，便说明你认为"自己是不擅长立定跳远的人"。

类似这种假设情境中的感觉几乎每时每刻都充斥于我们的生活之中，我们每天都可能经历很多次。而每一次感觉的出现，都意味着自我观念在幕后默默地发挥着作用。所以，自我观念不但左右着我们的学习成绩，也左右着我们的人生。

由于自我观念存在的形式具有很大的隐蔽性，我们中的大多数人几乎无法认识到它的存在，自然也就无法对其做出改变。即便我们认识到了深埋于心的负面自我观念，也未必能改变它们。这是因为，无论你的自我观念来自哪里，让它存在于你头脑中的前提条件都是一样的，那就是——"我相信"。

当老师说你自制力差的时候，只有你选择相信这个评价，它才会成为你的自我观念。反之，如果你不相信老师的这个评价，它最多只会引起你的反感，而不会成为你的自我观念。

值得注意的是，喜不喜欢听是一回事，而相不相信是另一回事。有时候，别人对我们的夸奖让我们感到很高兴，但这些夸奖并不会成为我们的自我观念，因为我们在内心深处并不相信这些夸奖。反之，有时候，我们对别人的批评非常反感，但这丝毫不妨碍这些批评成为我们的自我观念，因为尽管我们很讨厌这些批评，却在内心深处相信它们是真的。

所以，我们常常看到一个孩子在向老师和家长表决心时痛彻心扉，但是返身行动时却又回到了老样子。有些人认为这个孩子不诚实，说一套做一套，事实往往并非如此。很多孩子只是在意识层面上"知道"了自己该做什么，但真正决定他们怎样做的却是他们内心深处的自我观念。

说出来也许有些让人难以相信，我们最信任的人，常常并不是自己。对自己撒谎很容易，但是让自己真正相信这些谎言就很难了。有时候，连最喜欢的人也无法获得我们潜意识的信任。当我们失意时，来自好友的安慰虽然让我们好受很多，但我们并不会真的相信那些善意的谎言。

真正足以改变我们自我观念的，往往只是一些和我们并不亲密的人，而那些令我们改变自我观念的事件，也多半不是惊天动地的大事，而是一些稀松平常的小事。如果你期待着在极富戏剧性的情节中改变自我观念，恐怕要大失所望了，因为自我观念的改变过程常常要在事后很久才会被发现。

从街头混混到白宫安全顾问

加文·德·贝克尔是美国白宫的安全顾问。多年来，他一直致力于暴力犯罪的研究，并总结出一套行之有效的防范暴力侵害的方法。为了让更多美国人了解这套防身自卫的方法，贝克尔走遍了美国的山山水水，有数以万计的美国公民在贝克尔的帮助下摆脱了暴力和死亡的威胁。对于这些人来说，贝克尔无疑是救人性命的活菩萨。

然而，就是这样一位了不起的"救世主"，年幼的时候却是一个不折不扣的暴力分子。贝克尔很小的时候父母就离异了，他的母亲不但是吸食海洛因的瘾君子，还经常持枪在屋子里乱射；他的继父也并非善类，经常对贝克尔和他的姐妹拳脚相加。小小年纪的贝克尔已经是街头的打架高手，不知有多少人曾被他的木棒敲破过脑袋。由于天天目睹暴力事件，贝克尔已经对这些血腥场面见怪不怪了，他甚至憧憬着有朝一日能够成为街区犯罪集团的头目。

如果一切沿着原有的轨迹发展，小贝克尔长大后有可能会成为黑帮分子，他有可能成为监狱里的常客，也有可能横尸街头。然而这一切都没有成为现实。因为在小贝克尔五年级的时候，一个人的出现改变了他的命运。

这个人的名字叫康威。他是贝克尔所在班级的新老师。与其他老师不同，康威对贝克尔的斑斑劣迹似乎并不在意。无论这个让人心生恐惧的孩子曾经做过什么，康威老师还是像对待其他孩子一样耐心地和贝克尔交谈，了解他的家庭、他的爱好，并肯定他的长处。

来自康威老师的关怀和爱改变了贝克尔的自我观念。他不再认为自己是一个毫无价值的社会渣滓，也不再认为寻求认同的唯一方式就是诉诸暴力。

简单地说，康威老师改变了贝克尔的人生。曾经不堪回首的、充满暴力色彩的童年生活不但没有成为贝克尔的累赘，反倒成了他在成年后预测暴力犯罪的宝贵财富。

在一个人生命的早期阶段，能够遇到这样一位贵人是十分难得的。有时候，也许只是一个人无意中说出的一句话，就会改变另一个人的人生轨迹。而我就是这样一个幸运儿。与贝克尔的经历相比，改变我的这件事似乎更加偶然、更加富有戏剧性。

正如你知道的，小学和初中时候的我学习一直不好，直到初二，我的成绩终于差到无以复加的地步，不得不办理了留级手续。本以为会一直浑浑噩噩混到毕业，但初二下学期的一个偶然事件却改变了我的命运。

那天我们刚下课，英语老师在教室门口喊我的名字。我的第一反应是"我又要挨批了"。尽管不知道自己又犯了什么错，但是从老师主动来找我的举动看，这次的错误小不了。

我战战兢兢地来到英语老师面前，低下了头，做好了"战斗"的准备。没想到，老师的第一句话竟然是："杨大宇，你知道吗？今天我来找你是要表扬你的。"这句没头没脑的话让我几乎呆在那里。我想破了脑袋也不知道自己有什么好表扬的。接下来的时间，英语老师很耐心地帮我对比了前后两次大考的英语成绩。她告诉我，与上一次相比，我这次的成绩少了五分。

这明明是退步了嘛！有什么好表扬的？想到这里，我心中升腾起一种不祥的预感，难不成老师刚才一直在说反话吗？但是英语老师接下来的话让我终生难忘，她说这次的英语题比上一次难很多，班级里只有少数几个人及格了，我虽然没有及格，而且绝对成绩比上次还少，但是在班级里的相对名次却提升了不少。简单地说，我实际上是进步了。英语老师还说我这段时间的课堂表现比以前好很多，我其实是个很有语言天赋的人，如果我能保持现在的状态，用不了多久就能进入班级前列。

和英语老师谈过话后，我的脑袋一直晕晕的。我几乎不敢相信刚才发生的一切。从上小学开始，我就从来没有得到过这么高的评价。我从未想过以自己现在这样的状态也能得到老师的表扬，而且是真诚的表扬！从此以后我几乎像打了鸡血一般，玩了命地学英语。不到一个学期，我的英语成绩竟然达到了90分。这个成绩不但让全班瞩目，更印证了英语老师对我的评价——我是一个有语言天赋的人。我的自我观念从此发生了质的改变。

在英语成绩的带动下，我其他学科的成绩也开始慢慢赶上。在初三的最后一学期里，我的班级名次连续向前跳跃了二十余名，并顺利进入年级前100名的行列（在我们那所学校，能够进入年级前100名就意味着能够进重点高中）。最后，我以全校第73名的成绩考上了全市排行第一的重点高中。而仅仅一年之前，我的班主任还曾斩钉截铁地对我父母说，我充其量只能考上自费中专。

就在我写下上面这段文字的时候，英语老师的面容仍然不时浮现在我眼前。她姓李，教我们的时候已经人到中年。我记得当时的她身材微胖，脸上有很多痘痘。就第一印象而言，她绝不是我最喜欢的那种类型的老师。而且，她也曾经多次在课堂上批评过我，甚至还在班主任那里打过我的小报告，我们之间还发生过一些冲突。可以说，在那次谈话之前，我对她没有任何好感，就像我对英语这个学科也没有任何好感一样。

但是那次神奇的谈话改变了我们之间的关系，也改变了我对学习的态度。

如今回想起来，我仍然无法想通那天李老师为什么要对我说那些话。在我的记忆中，那是我学习状态最为懒散、成绩最为糟糕的阶段。我至今仍不清楚那次考试我是不是真的有了进步。但这一切已经不重要了，因为对于当时的我而言，老师说出的话就是事实，不容置疑的事实。老师说我进步了，而我也相信自己真的进步了。我相信自己就像老师说的那样，是有语言学习天赋的人，只是之前一直没能发挥出来。

一个人可以轻易地改变另一个人的自我观念，进而改变这个人的一生。这是多么神奇的事情！从认识到这一点起，我就把教师当作世界上最伟大的职业——因为这个职业能够改变人们的命运。

毫无疑问，我和贝克尔都是幸运儿，因为我们都在人生的关键时期遇到了自己的贵人，他们的一席话或者善意的行为，让我们从内心深处相信了我们自身具有某种尚未实现的潜能。这种经由信任形成的新的"自我观念"让我们得以走向另一种完全不同的人生。

想让一个人"知道"自己应该成为什么样的人是很容易的，但是如果想让一个人"相信"他是怎样的人，就比较困难了。自我观念的顽固性和自我强化的特点，决定了任何"与我们头脑中已有自我观念相矛盾的看法"都很难被接受。也正因为如此，错误的"自我观念"才更容易发展成"自我实现"，而使得消极的自我看法变成消极的现实。

尽管自我观念具有稳定性，但并非无法改变。自我观念源自内心深处的"相信"，想改变自我观念，就必须用新的"相信"取代旧的"相信"。

自我暗示法

尽管我们都生活在批评大于鼓励的环境里，但他人的意见是否会影响到我们的自我观念，最终的决定权其实还是在我们手里。一个人即便生活在充满打击和嘲讽的环境里，也有可能锤炼出积极的、充满自信的自我观念。

偶然得到别人的肯定，进而改变人生轨迹毕竟是小概率事件，而小概率事件最大的问题在于——它是不可控的。你无法控制它出现和发挥作用的方式，环境变量中任何一个微小的改变都有可能让这些小概率事件失去原有的意义。况且，把命运的指挥棒交到别人手里总归是不靠谱的。

有没有什么办法能够让我们自己掌管命运之船的航向，做自己命运的主人呢？

上中学时，我曾经疯狂地迷恋马克·吐温的书。我在书店买下他最为著名的儿童文学作品《汤姆·索亚历险记》，看了一遍又一遍。在这本小说中，有一个情节是我毕生难忘的。

一天，犯下错误的小汤姆被波莉姨妈罚刷墙。小伙伴们幸灾乐祸，围在旁边观看，汤姆很沮丧。过了一会儿，汤姆突然想出一个摆脱窘境的好办法。他一边刷墙，一边做出快乐的样子。小伙伴们开始好奇，刷墙有什么可高兴的？汤姆回答说，他找不到什么理由不高兴，而且并不是每个小孩都有机会天天刷墙。说完，汤姆继续高兴地刷着墙。

过了一会儿，围观汤姆的小伙伴们见汤姆似乎是发自内心地快乐，终于忍不住了，他们纷纷向汤姆提出要体验一下刷墙。但是狡猾的汤姆没有立刻答应，而是提出一些苛刻的条件：这些小伙伴必须把自己心爱的玩具让给汤姆玩，汤姆才肯把刷墙的机会让出来给他们。

接着，最富戏剧性的一幕发生了：汤姆的小伙伴们轮番抢着替汤姆刷墙，而汤姆则拿着从小伙伴那里换来的玩具，玩得不亦乐乎。

如果你认真品读这段故事，会从小汤姆的"诡计"中洞悉改变自我观念的最大秘密！

汤姆的故事中包含了两个典型的自我观念：一个是"刷墙是快乐的"，另一个是"刷墙是痛苦的"。这两种针锋相对的自我观念看似不可调和，却被小汤姆玩弄于股掌之间。几乎在转眼之间，汤姆就把"全世界最枯燥的劳动"变成了"全世界最好玩的游戏"。

汤姆是怎么做到的呢？

首先，汤姆决定在小伙伴们的脑子里种下一个观念，即"刷墙是一件快乐的事情"。这是让其他人为自己帮忙的重要前提。但这个观念如果只是在口头上说说，并不足以让人信服，甚至会受到别人的嘲笑。

于是，接下来汤姆开始施展"魔法"，他装出喜欢刷墙的样子以吸引别人的注意。这在整个自我观念的转变过程中是一个非常重要的环节。正是汤姆的这个举动颠覆了其他孩子对于刷墙固有的自我观念。当你做出快乐的样子时，你就会让自己和他人认为这是一件快乐的事。当你做出痛苦的表情时，你就会让自己和他人认为这是一件痛苦的事。简单地说，无论你想让别人感受到一件事是快乐的还是痛苦的，最有效的方法都不是把它"说"出来，而是把它"做"出来。

最后，当小伙伴们决定尝试刷墙时，汤姆并没有轻易地答应他们，而是要求用他们最心爱的东西作为交换。当一件东西变得难以获得时，它的价值会成倍增加。平常在孩子们眼中的苦差事此时却变成了极为稀有的权利。这种人为制造稀有的做法会进一步巩固先前植入的自我观念——"刷墙是快乐的"。

汤姆虽然只是一个孩子，但是他却发现了宇宙间最伟大的奥秘——如何改变一个人的自我观念。而这个奥秘正是千百万陷入学习误区的同学最需要的。正如前文所述，改变一个人的成绩，甚至改变一个人的命运，都离不开改变一个人的自我观念。这是一切持久改变的起点。只要我们能够参透汤姆使用的方法，就可以实现这种转变。

从某种意义上讲，小汤姆扮演的角色和改变贝克尔人生轨迹的康威老师、教我英语的李老师并没有不同。他们都是改造他人自我观念的高手。对于被他们影响的人而言，他们实施改变自我观念的过程仍然属于外力的范围，仍然属于偶然事件。

这些偶然事件一旦发挥作用，效果堪称神奇。在人生成长的关键时期，一个正向的偶然事件完全可以改变一个人的命运。但是，通过这种方式改变自我观念有一个非常大的缺陷，即"不可控"。

就连前面说过的罗森塔尔的社会学实验也摆脱不了这个弊端。虽然对于罗森塔尔来说，这个社会心理学实验是可控的，他也的确得到了令人满意的实验结果，但对于那些参与实验的学生来说，这个实验却是完全不可控的。别忘了，罗森塔尔的名单是随机挑选出来的。在实验结束前，学生们甚至都不知道哪些人曾出现在罗森塔尔的名单上。

一个精心设计的心理学实验尚且如此，未经设计的生活就更是这样。我们永远无法知道第二天会遇到哪些人，哪些老师会表扬我们，哪些老师会批评我们。我们也很难捕捉到心灵最开放的、可以相信并接受他人评价的有效时机。所以，把改变命运、改善自我观念的重任交给他人，无异于买彩票——中奖的概率微乎其微。

好在我们还有第二条改变自我观念的途径——自我转变。这条途径是完全受自我意志掌控的。我们可以通过自我对话和自我训练等途径来改变自我观念，从而在自助的前提下完成自我观念的转变。

鼎鼎大名的股神沃伦·巴菲特曾经给他的投资伙伴们讲过这样一个故事：一个石油商人在死后走向天堂，却被天使挡在门外，理由是天堂里居住的人太多，已经容纳不下更多人了。一生精明的石油商人心生一计，他把手做成喇叭状，大声向着天堂里喊："地狱里发现石油了，大家快去淘金啊！"闻听此言，居住在天堂里的人纷纷冲出大门，奔向地狱。没过多久，原先居住在天堂里的人都跑光了。这时天使笑着对石油商人说："没想到你这么聪明，来吧，现在你可以随意在天堂里选择住所了。"没想到石油商人却一脸犹豫。他说，这么多人都为了石油跑向地狱，没准儿他们真的发现石油了，我还是去地狱看看吧。于是，石油商人扔下目瞪口呆的天使，头也不回地走向了地狱。

虽然这个石油商人撒谎的初衷是为了居住在天堂，但是他也把自己骗进了地狱。这真是很有讽刺意味的故事。不过我要强调的却不是这些，我希望你注意这个石油商人是如何完成自我观念的转变的。他先是说了一个谎言，然后他见证了谎言被部分证实的过程（天堂里的人去了地狱却一去不返），最后他相信了自己亲口说下的谎言，并把它化作自我观念的一部分。

我们在进行自我转变的时候，也可以如法炮制。首先，我们要明确自己打算树立的自我观念。然后，我们要为这些自我观念制造事实上的佐证。最后，我们会相信这些自我观念，把它们内化成自己的一部分。

接下来，我们就详细讲一讲这套方法在学习上的应用。

完成自我观念转变的第一步是找出头脑中错误的自我观念。这是进行一切后续工作的前提。

人的大脑好比一只水杯，当我们的水杯被污水占据的时候，直接添加清水是无济于事的，我们得到的仍然是污水。只有先把污水排净，清水的存在才会成为可能。

为此，我们需要学会聆听内心的声音，捕捉自己的感受。正如我们前面所说，自我观念在我们的大脑中并不总是表现为清晰的语言，它常常只是一种感觉。当我们感觉良好时，常常是正确的自我观念在内心世界的后台起作用。反之，当我们感觉糟糕时，常常是错误的自我观念在内心世界的后台起作用。

因此，当我们在学习的过程中感觉不好的时候，就要停下来，认真问一问自己：刚才我对自己说了什么？我为什么会有这样的感受？

比如，每当面对数学题的时候，我内心就会有一种说不出来的压抑。这个时候，我就要停下来问一问自己：为什么我会压抑？我刚刚对自己说了什么？经过追问，我可能得出以下的自我观念：

自我观念一：数学很难学。

自我观念二：数学很没意思。

自我观念三：我天生不是学数学的料。

很明显，这三个自我观念都是导致我对数学产生恐惧和厌恶心理的罪魁祸首。接下来，我们就要针对这三个自我观念进行颠覆性的修正，并用正向的自我观念取而代之。

正确的自我观念一：数学很简单。

正确的自我观念二：数学很有趣。

正确的自我观念三：我完全有能力学好数学。

至此，我们已经完成了自我观念转变的第一个步骤，即找出错误的自我观念，并有针对性地将其修改成正确的自我观念。

如果你认为仅仅这样做就足以形成正确的自我观念，那就想错了。错误的自我观念并不是一朝一夕形成的。如果仅仅是对着自己说一次"我完全有能力学好数学"，数学成绩就真的好起来，那所有学校和辅导机构就都可以关门大吉了。

改变自我观念需要时间，更需要技巧。如果用对技巧，我们可能只须花费很短的时间；相反，如果用错了方法，即便我们花费再多的时间，也只能在错误的自我观念中挣扎。这和我们前面反复强调的观念是一致的——解决问题的关键是要按规律做事，而不是单纯地使用蛮力。

电影《盗梦空间》曾为我们讲述过"思想植入"这个概念。看完这部电影后，很多观众可能和我一样，都会不自觉地思考一个问题——电影中的"思想植入"是否真的存在呢？

答案是肯定的。接下来我就要教给你"思想植入"的方法。这种方法不需要你花费一分钱。更妙的是，这种方法不需要求助任何人，你自己就可以独立完成。这是一种"任何人在任何地点、在任何时间都可以使用"的方法。

这种方法的发明者是法国医生埃米尔·库埃，它的名字叫"自我暗示"。

自我暗示是一个相当古老的概念。从远古社会开始，我们就在不自觉地使用自我暗示进行治疗和精神恢复。早期的巫医治疗、集体舞蹈和祭祀祷告，都使用了自我暗示。可是直到近代，才有人从科学的角度对其进行研究，并正式提出自我暗示的概念。如今，自我暗示已经被广泛运用于教学、医疗、科技、商业等各个领域。运用如此强大的自我观念调整工具去改变我们的学习心态，有点像用高射炮打蚊子——大材小用。不过值得安慰的是，我们根本无须担心这种方法是否能改变我们消极的学习观念。唯一的问题只是我们需要等待多长时间才能看到效果。自我暗示为什么能具有如此之大的威力？话还要从这种神奇方法的发明者——埃米尔·库埃说起。

库埃医生原本只是一名普通的药剂师。在给病人开药的过程中，他无意中发现某些原本并无效力的药物却可以治好人的疾病。这一现象让库埃意识到一定有独立于药物之外的东西在病人的康复过程中起作用。在接触了早期的催眠术后，库埃终于找到了答案。他发现是那些潜藏在我们表层意识下的、不为人所知的想法在影响着我们的健康，这种想法被称为潜意识。改变人的潜意识，就有可能治愈人的疾病。

这个发现让库埃兴奋不已。经过一番苦学，他掌握了催眠术，并通过这种方法改变了病人的潜意识，进而治好了患者的疾病。但是，在后续的一系列实践中，库埃发现人们对催眠术存在普遍的恐惧和误解，而且其实施的过程也非常烦琐，成功率也并不理想。于是，库埃决定放弃对病人实施催眠，转而在病人清醒时对其进行暗示，并鼓励病人进行自我暗示。

奇迹出现了，身患绝症的人不治而愈，多年无法行走的人站了起来，视力极度低下的人渐渐恢复了视力……

对于一个有能力创造这些奇迹的人，在科学还不甚发达的时代，完全可以选择做一个活着的神灵，至少也可以鼓动人们崇拜自己，自创一套宗教。但库埃没有这样做，他把奇迹归功于被他称为"暗示与自我暗示"的方法，并鼓励人们在没有外力帮助的情况下主动进行自我暗示，改善生活的各个方面。

接下来，我会把这种价值千金的自我暗示法教给你，请你按照接下来的指示一步一步去做。

第一步，找出你要建立的自我观念，比如"我非常喜欢数学""我有能力学好数学"。

第二步，把这句话写在纸上，并连续地大声重复朗读。

第三步，坚持每天朗读数次，连续数天，直到你发自内心地相信这些自我观念为止。

这是不是很简单？简单到让人难以相信它能够拥有如此强大的威力。但就是这种看似简单的方法改变了很多学生的自我观念，让他们对学习产生了兴趣。

当然，我并没有说改变自我观念的过程一帆风顺，也没有说每一个尝试用自我暗示来改变自我观念的人都能获得成功。很多初学者会因为忽略一些细节而栽跟头，进而无法感受自我暗示的威力。所以，如果你真的希望通过这种方法改变自我观念，就一定要认真掌握自我暗示法的要点。

自我暗示法的实施要点如下：

1. 自我暗示的内容必须是正面的、积极向上的。自我暗示的短句中不能包含带有消极意义的词语，消极的自我暗示会让你的处境更加糟糕。比如，不要说"我的成绩不再继续糟糕"，而要说"我的成绩越来越好"。

2. 不要把愿望当作自我暗示的内容，要以陈述事实的口吻进行自我暗示。比如，不要说"我希望自己的作文水平能够不断提高"，而要说"我的作文水平正在不断提高"。

3. 要使用第一人称"我"。

4. 要多次重复。一般每次进行自我暗示要重复20次以上。条件允许的话，次数越多越好。不要怕麻烦。重复的力量强大到远超出你的想象。它可以控制一个人的思想，也可以决定数以百万计人口的存亡。纳粹统治德国期间，导致犹太人被屠杀的"种族优越论"就是"重复了上千遍"的谎言。尽管今天的德国人对这种子虚乌有的理论嗤之以鼻，但当年在不断重复的宣传工具影响下的德国人，却对这种观念深信不疑。因此，想让自己相信一件原本不相信的事，最好的办法就是多次重复它。

5. 自我暗示的时间要谨慎选择。早上刚刚醒来和晚上即将入睡前是自我暗示的绝佳时间。因为这两个时间段是人类意识比较薄弱、潜意识活动相对频繁的时刻。这个时候对自己说出来的话更容易被潜意识接受和相信。

6. 自我暗示一定要大声地说出来。你的音量和你的信心成正比。声音越大，底气越足，你就越容易被自己感染，从而相信你要确立的自我观念。如果你只是在心中默念，或者仅仅把它们写出来，效果必然会大打折扣。

自我暗示收效的时间因人而异。如果一个人比较容易接受暗示，时机和方法又选择得比较正确的话，可能一周的时间就能看到明显的效果。比如，你原本非常讨厌学英语，通过一周的自我暗示，你会开始喜欢英语，会比原来更加认真地听英语课、完成英语习题、背英文单词。而你的英语成绩也会随着你的态度和行为的改变得到提升。成绩的改变会进一步强化你业已建立的自我观念，进而走入良性循环。

想改变顽固的自我观念，我们首先要找出内心深处坚信的消极自我观念，然后用完全相反的正面语句不断对自己进行"自我暗示"。要注意"暗示"的语句里不要有否定词，不要用"希望"等词语，用陈述语句而不要用祈使句，并且要用第一人称。多次重复大声地念出这些语句，直到它们成为我们心中坚信不疑的事实为止。这个时候，你会发现自己和以前大有不同。

读完本章，想要分享阅读感悟？
好书推荐 » 社科资讯 » 书友交流社群
◀ 微信扫码，获取本书配套服务

正向反馈法

> "自我暗示"只须靠语言达成，方便易行，但需要耐心。想缩短疗程，放大疗效，不妨把"说"付诸实际，为"暗示"创造可靠的事实。

对于没有足够耐心等待的人来说，自我暗示也许不是改变自我观念的最好方法，他们常常会在最接近成功的地方选择放弃。

如果你进行了一段时间的自我暗示，并失望地发现预想中的效果并没有出现，你该怎么办呢？

你会放弃吗？还是会继续坚持下去？

这的确是一个艰难的选择。但是接下来的内容会让这个选择不再艰难。因为，除了自我暗示，你还有另一种改变自我观念的方法。

1965年，宾州大学的心理学家马丁·塞利格曼进行了一次著名的心理学实验。

实验的对象是一群狗。它们被随机分成三组，放入箱子中，并接受如下的训练：第一组狗被连上电极并施以电击，只有当它们触碰箱子的时候电击才会停止。第二组狗同样被连上电极并施以电击，但是与第一组不同的是，无论这些狗做什么电击都不会停止。第三组狗不接受电击。

接下来，实验者把三组狗又放入另一组箱子里。这些箱子和刚才的箱子几乎一样，只是在箱子中间添加了一道可以被跨越的闸门。接下来，实验者继续对这些狗进行电击。而躲避电击的方法看似非常简单——只要跳过箱子中间的闸门，狗狗们就能结束痛苦。此时大家关心的问题是，这些狗狗能找到解脱痛苦的方法吗？

第一组狗，也就是先前通过触碰箱子中止电击的那一组，在短短几秒钟之内就找到了摆脱电击的方法。只要电击发生，它们便迅速跳过闸门。

第三组狗，也就是未接受电击的那一组，花费了比第一组狗稍多一点的时间，最终也发现了逃脱电击的方法。

而第二组狗，也就是先前无论怎样做都会被电击的那一组，自始至终都趴在矮闸的一侧，静静地忍受着电击。虽然它们可以看到矮闸的另一侧发生的事，但它们却没有做任何能够帮助自己摆脱困境的事。换句话说，它们主动放弃了逃避痛苦的权利，它们不再尝试哪怕近在咫尺的机会。

为什么这些狗狗会放弃逃避厄运？为什么它们连起码的尝试都不去做？问题的症结在第一次实验上。在第一次实验中，无论这组狗狗做什么，它们都会遭受电击，这让它们接受了一个消极的事实：无论它们做什么，都无法改变命运。换而言之，任何改变都是徒劳的。可以想象，接受这种消极观念的狗狗在面对人类的鞭打时，也不会选择反抗和逃避，而是默默忍受。这是多么可怕的改变！

同样的现象也出现在人类身上。当一个人在遭遇了很多打击却无力摆脱的时候，他也会像无助的狗狗一样放弃努力，听天由命。由此，马丁·塞利格曼教授把这种现象称为"习得性无助"。

习得性无助在学习的过程中非常普遍。当一个学生在某个科目的学习过程中连续遭受数次打击时，当他已经很努力却无法提升成绩时，他便会放弃在这个学科上的努力，进而形成偏科。如果这个学生在很多学科的学习过程中都经历过连续打击，并且无力扭转困局，他便会形成厌学的心理。此时，无论我们给这个学生准备多么优越的学习条件，提供多么精心的辅导也无济于事，因为他在内心深处相信自己的这种糟糕状态是永远无法逆转的。这种根深蒂固的错误观念会让他们在形势明显有利时也放弃努力。

通过马丁·塞利格曼的实验，我们可以看到，悲观和消极并不是在一开始就伴随我们而来的。人类的悲观情绪和积极情绪一样，都是后天学习的产物。同样，消极的自我观念和积极的自我观念也是后天学习的产物。如果我们能够弄清楚消极的自我观念是如何产生的，也就自然能够明白应该怎样做才能在一个人的头脑中植入积极的自我观念。

没有人先天消极。学生之所以在头脑中确立起顽固的消极的自我观念，是因为他们经历了一系列的失败。是一连串的失败带来了稳定的消极的自我观念。

与之相反，积极的自我观念也不是从天上掉下来的。拥有积极的自我观念的孩子之所以如此，是因为他们经历了一系列的成功。是一连串的成功带来了稳定的积极的自我观念。

看到这里，请你回过头再看一遍马丁·塞利格曼的实验。你发现在这个实验中隐藏的秘密了吗？

积极的自我观念和消极的自我观念并不完全是随机产生的，它们完全可以在人为的操纵下形成！

看看那些可怜的狗吧，它们的成功与失败在马丁·塞利格曼给它们分组时就确定了。而它们的自我观念（有无能力逃脱电击），也完全是在实验者的操纵下形成的。无论在实验之前这些狗有着怎样的脾气和秉性，它们在实验后都会被塑造成实验者希望看到的样子。

这个结论对我们的意义太重大了。如果成功和积极的自我观念都可以通过人为操纵来实现，那为什么我们不把这种操纵的权力掌握在自己手中呢？

现在，到了把命运之舟的船舵交还给你的时候了。如果你想建立积极的自我观念，并进而操纵自己的命运，就需用到我接下来要教给你的工具——正向反馈法。

所谓正向反馈法，就是通过人为制造一连串的成功来建立积极的、正面的自我观念的方法。与自我暗示法不同，正向反馈法的操作方法比较烦琐，需要用到的资源比较多，实施的条件要求也比较高，有时甚至需要专业人士的帮助才能完成。但它具备自我暗示法不具备的优点——见效快。

对于那些没有耐心等待自我暗示发挥作用的人来说，正向反馈法是他们完成命运逆转的最佳武器。

让我们通过一个例子来说明如何运用正向反馈法。

假设你的英语成绩一直很糟糕，你已经基本放弃了对这个学科的努力。甚至，你一度认为自己天生不是学英语的料。为了改变自我观念，你已经尝试过自我暗示的方法，但是迟迟看不到效果。现在你听说有一种叫作"正向反馈"的方法可以帮你脱离苦海。于是，你决定通过以下步骤来建立你的积极自我观念。

第一步，找到自己的优势和闪光点。也许你会说自己在英语这个学科毫无优势。没关系，这只是你的错觉。即便学习再糟糕的学生也能找到自己的优势。也许你初二时英语学得不怎么样，但是初一时却学得不错。也许你初一时英语学得也很糟糕，但是在前半个学期的时候学得还可以。也许你每一个阶段的英语学得都不好，但对某个语法的理解还说得过去。也许你整体的词汇量只有其他同学的一半，但是起码你已经记住的那些单词还是记得很扎实的。甚至，也许你学了这么多年英语，就只有一篇课文能够真正看懂，那么这篇课文就是你的优势和闪光点……

总而言之，你要像玩"大家来找茬"的游戏一样耐心细致地寻找自己在某个学科的闪光点。如果上面这些方法都不管用，无论你怎么努力也无法寻找到自己在这个学科的闪光点，我还有最后一个"看家法宝"供你使用：把以前所有大考小考的卷子都找出来。把自己曾经做对的题统统找出来，整理在一起。这些曾经做对过的题就是你的闪光点。

第二步，反复浏览这些闪光点。如果你的闪光点是课文，就重读这些课文。如果你的闪光点是关于复数的语法，就把这些语法知识再看几遍。如果你的闪光点是一组单词，那就把这些单词都集结在一起，从头到尾看上几遍。

总而言之，你要重温那些你已经知道的东西，不要认为这是在浪费时间。我们的任务不是学习新知识，而是建立新的自我观念，找回信心。所以，要尽量在重温闪光点的过程中找到那种对知识彻底掌握、游刃有余的感觉。一旦找到了这种感觉，就要反复体会，把它常留心间。这种游刃有余的感觉对建立新的自我观念是必不可少的。

第三步，为自己出一份考卷。不要被这个任务字面上的含义吓倒，不要认为出题是老师的专利。其实出一份考卷很简单，你要做的只是在手头已有的习题中挑选出一部分给自己做。

在设计考卷时，你要尽量确保在你的优势和闪光点的范围内出题。试题的来源可以是你曾经做过的作业、练习题和考试题，也可以是你新买来的习题集。要尽量把难度降低，尽量选择那些自己一定能答上的问题。如果你实在不知道应该出哪些题，就把之前考试时曾经做对过的题汇总在一起好了。

试题的题型由你决定，可以和正规考试一模一样，也可以只是一部分题型，甚至只有一种题型，比如只有选择题。试题的数量也由你自己决定，想出多少道题是你的自由，甚至连做题的限定时间也由你自己决定。你可以在20分钟内做完它，也可以是一个小时，或者更长。一切取决于你自己的需要。

试卷做完后，一定要进行批改，要使用红笔。一旦发现错误，就要把错误的原因找到，并在第二天重新做这些题，直到自己得到满分为止。要把每一次的成绩记录下来，把带有成绩的试卷粘贴在自己卧室的墙壁上。确保自己每天睡觉之前和醒来之后都能看到它们。这样的试卷最好每周做两次。

如果你对这样的"自我测试"感到无聊，便说明你应该适当提高自我测试的难度了。平时洗头时，我们要在热水中添加一点点凉水才能调整好水温。同样，你要在那些百分之百掌握的习题中掺杂一小部分你曾经做错过的题。掺杂的比例不要太大，最好控制在20%以内。

以建立自我观念为目的的自我测试要坚持每周两次，直到你确立起积极的自我观念为止。在此期间，请忘记你现在的学习进度，忘记你在学校取得的成绩，不要理会老师们现在讲什么，也不要理会他们现在考什么。你的任务是找到自信，而不是跟上学校的进度。

讲到这里，你很可能会问：到底怎样才算建立起积极的自我观念了呢？

答案是你的感觉。当你感觉自己不再讨厌一个学科、不再恐惧一个学科的时候，当你觉得自己也有能力学好这个学科的时候，就说明你已经找到了自信，积极的自我观念已经建立起来了。

关于正向反馈法，还有一点要补充说明：

考虑到正向反馈法的目的是建立起积极的自我观念，一切与我们的目的相违背的因素都应该尽量避开，这其中就包括来自老师和学校的评价。由于你的基础是相对薄弱的，再加上自我观念的局限，短时间之内你在学校取得的成绩不会太理想，来自老师的评价也不会太积极，否则你也就不需要正向反馈法了。

最简单的解决方法是暂时离开学校，离开这个给你不断带来消极反馈的地方。这也是很多学生离开学校、进行校外补习的原因之一。但我并不建议你这样做。一方面是因为这样做会带来过多不必要的开销，另一方面是因为这样做会让你远离学校的常规管理。对于那些自我意志薄弱的同学来说，全日制校外补习几乎等于进入了毫无管制的游乐园。

所以，最合理的解决办法是既不离开学校，又尽量减少来自学校的消极反馈。为此，你需要与相关科目的老师和班主任主动沟通。要向他们说明自己真心向学的意愿，请他们能够给你足够的时间来完成自我转变，在此之前请他们多多鼓励自己，尽量不要批评自己。

从老师的角度讲，没有人会拒绝一个真心向学的学生。这是老师的职业天性和道德底线。即便你曾经惹老师生气，即便你曾经在他的学科得过不堪入目的分数，当你主动来到他身边，对他说你喜欢他和他的学科，而且你正在尽全力迎头赶上时，我想不出老师有什么理由会拒绝你。唯一阻止你走出这一步的人是你自己。很少有学生会主动走进老师办公室，更不用说和自己并不十分喜欢的老师谈话了。不知道多少学生就是因为过分爱惜自己的面子，放弃了一次又一次向老师请教的机会，结果不会的东西越积越多，以至于最后无法收拾。我希望你不要成为这样的牺牲品。勇敢地迈向老师办公室吧，和老师们坦诚相见地交流吧！你会发现老师们善良可爱的一面，你也会因为师生关系的改善而更快地完成自我观念的转变。

正向反馈法同样要求我们先把内心顽固的消极自我观念找出来，然后想尽办法从自己坚信的劣势中找出"亮点"，并不断通过实际行动尽可能多地重复这些小小的胜利，让自己在这看似对提高成绩毫无帮助的过程中重新建立起信心。

最伟大的力量

你也许知道习惯的重要性，却懊恼一切都太迟了。其实，习惯并不一定要从小培养。只要掌握正确的方法，我们都能养成良好的学习习惯。

习惯决定成败

习惯本身只是一种中性的力量，它既不是天使，也不是魔鬼，它会成为我们的朋友还是敌人，关键要看我们自己。

很多年前，我看过一部电影，片中的主角是一位排长，他手下有一群精兵强将。谈到真刀真枪的作战，这些战士从来无所畏惧，但是上级安排的一项特殊任务却让排长和战士们犯了难。原来，他们接到的任务是乔装成越南士兵深入敌后，进行电台和交通线路的破坏工作。

单纯的破坏对这些猛人来说倒不算什么，最大的问题是除了排长之外，排里没有人会说越南语。为了完成任务，排长为排里的战士们进行了越南语突击教学。费了九牛二虎之力，战士们总算学会了一些最简单的日常会话。为了防止穿帮，排长交代，除非万不得已，所有人都要把嘴闭严，所有需要用越南语的地方都由排长一个人来对付。

一路上，他们虽然经历了几次险情，可是凭借排长的聪明机智，大家还是化险为夷。到了最后一个关卡时，敌方的指挥官突然对这群士兵产生了疑心，他有意绕开排长，和其中的一个战士交谈。所幸他的问题非常简单，先前排长教过的越南语在关键时刻发挥了作用。当那名越南指挥官转身离开的时候，大家都松了一口气。就在大家以为大功告成的时候，那名越南指挥官突然转身，用汉语说了一声"再见"，排里有位士兵想都没想就回了一声"再见"。就是这一声简单的回话让战士们的身份就此暴露，随后的激烈战斗几乎让这支执行特殊任务的队伍全军覆没。

这部电影给我留下了很深的印象，因为它让我领教了习惯的威力。习惯能让最为平庸的人走向辉煌，也能让最有天分的人走向落魄。上至帝王将相，下至贩夫走卒，每个人都是习惯的奴隶。从你每天早上睁开眼睛的那一刻起，它就在控制着你。它控制着你几点起床，如何刷牙，如何穿衣……

习惯就像雨水在地面上冲刷出的沟渠。刚开始，那些被雨水冲刷出来的沟渠还很细很浅，随着后续的雨水越来越多地流向这些沟渠，它们会变得越来越深，最终成为深深的河谷。习惯一旦形成，便会不断进行自我加固，直到牢不可破。这种自我强化的特点恰恰是习惯最为神奇，也最为可怕的地方。因为这意味着，尽管所有的习惯都经由你自己的行为养成，可是习惯一经形成，很难改变。

据说二战期间，一位德国武器专家被盟军俘虏。盟军迫切地希望从这位专家口中得知德军秘密武器的研制细节。但是各种方法都使用了，这位德国武器专家还是闭口不言。眼看着离双方决战的日子越来越近，德军的军事机密一天不破获，盟军的军事行动就一天无法脱离失败的危险。

最终，一个曾经在军事科研机构任职的军官想出了一个办法。他了解到这位德国武器专家曾经在大学里担任过教授，平时教学极为严谨，痛恨无谓的失误。于是，他在关押德国武器专家的房间附近开辟了一间教室，由一些人扮演军事院校的学生，自己则扮演老师。每一天德国武器专家在路过这间教室的时候，都能看到这位假老师在蹩脚地讲着军事科技课。假老师故意在讲到与德国武器相关的科技细节时犯下众多愚蠢的错误，而学生们则认真地聆听着，做着笔记，对这些低级错误浑然不觉。

这些错误对于外行来说是无所谓的，但是对德国武器专家来说，简直是眼中钉、肉中刺。在那一刻，德国武器专家忘记了自己的身份，纠正低级错误的冲动超越了一切，他愤怒地冲进教室，不顾守卫的阻拦，用粉笔把正确的公式和理论写在黑板上。

盟军通过严刑拷打都没能做到的事情，却被一个小小的习惯做到了。

几乎所有人都懂得如何让习惯为自己服务，本杰明·富兰克林就是其中的高手。据说年轻时候的富兰克林有很多坏习惯，他习惯和别人抬杠，而且十分自大，并因此失去了很多朋友。后来富兰克林下定决心，要改掉这些坏习惯，并养成新习惯。他弄了一个小本子，把自己要培养的习惯写在上面，并以星期为时间单位对这些习惯的自我培养进行检测。通过对个人习惯进行控制，富兰克林在事业和生活上都取得了极大的进步，也成为美国历史上最接近完美的人。

同样，习惯对于学生而言，也起着至关重要的作用。

在校园中，成绩几乎成为一个学生最重要的标签，也成为衡量其身价，乃至未来成长空间的最可靠指标。可是，这个预测指标真的靠谱吗？

请问，你有没有见过那些成绩一向稳定的学生突然出现成绩大幅度的滑落？你又见没见过成绩一向不怎么样的学生突然大踏步地前进，成为班级的黑马？这些学生的存在，是对传统预测标准的否定。然而，大多数人都把这些情况看作意外。我并不认为这些被视作"意外"的情况无关紧要。

人们之所以能够预测未来，是因为事物之间存在相对稳定的联系。学习成绩的变化尽管比较稳定，但是还存在比成绩更为稳定，也更有资格成为预测学生未来的标准——学习习惯。

我们都见过这样的情形：一个基础非常扎实的同学在鬼混了一段时间之后，成绩不但没有下降，反而有所上升；而一个基础非常薄弱的同学即便很努力地学习，成绩不但没有起色，反而继续下降。

可能你会觉得这种现象很反常，也很不公平，但我却不这么认为。虽然前面的那位学生在鬼混，可如果他的良好学习习惯并没有被破坏，导致他成绩上升的动力就不会消失，他的成绩自然还会继续提升，只不过提升的速度会变慢而已。而后面的那位学生，尽管短时间内发奋努力，但由于很多学习习惯还没有被调整过来，成绩的走势自然还是会向下。那些努力所起到的作用，只是让成绩下滑的速度变慢而已。

也就是说，一个学生努力与否，影响到的只是其成绩变化的速度，而学习习惯的好与坏，却会决定学习成绩变化的方向。

沃伦·巴菲特是全世界最成功的投资者。他以100美元起家，赚到800亿美元的巨额财富。他是世界首富名单中唯一没有经营过任何实业，单纯以证券投资致富的人。他是无数投资者心中的偶像，被人们尊称为股神。他旗下的伯克希尔哈撒韦公司是世界上最成功的投资公司，其单只股票的价格足以被载入吉尼斯世界纪录——高达数十万美元。然而购买者仍然趋之若鹜，为的就是能够亲耳聆听股神的教诲。

巴菲特为什么能凭借投资成为首富？他的投资方法有什么与众不同？这个问题如果详细回答起来，完全可以另写一本书。不过，我们还是可以通过比较精短的篇幅来了解一下股神的投资标准，并从中得到启发。

绝大多数投资者购买股票，都是以股票价格的涨落为依据。大多数人的思路都是观察一只股票的长期走势，发现目前的价位比较理想，且最近一直在涨价，然后才敢出手购买。如果已经购买过的股票开始下跌，而且超过了之前的心理预期，他们便会把这只股票卖掉。这便是所谓的追涨杀跌。

巴菲特的投资标准则不同，他很少关注股票价格的短期波动。为了不被喧嚣的市场信息干扰，他甚至主动远离大城市，回到偏僻的家乡奥马哈成立自己的投资公司。在判断是否应该投资一家公司时，他关注的主要是这家公司管理者的素质、经营的理念和实施中的一些细节。如果用一个词来概括巴菲特的投资标准，那就是习惯。

在巴菲特看来，拥有良好经营习惯的企业，即便暂时遭遇市场低谷，也可以凭借良好的经营习惯走出低谷，迎接另一个高潮。而那些经营习惯不好的企业，即便其股票在投资市场上炙手可热，也不值得投资，因为差劲的管理和经营习惯迟早会把公司的盈利吃光，走向亏损，甚至是破产。

其实，买股票和学习在本质上都是一种投资。只不过购买股票是投资别人，而学习则是投资自己。如果你时刻关注的是学习成绩，那么你的投资业绩就会像市场上那些短线投机者一样，时而风光无限，时而倾家荡产。而如果你希望能够在学习的领域中打造出像巴菲特那样优秀的投资业绩，就必须改变自己的投资标准，把习惯作为长期投资的重中之重。

钢铁大王安德鲁·卡内基曾经说过一句豪气万丈的话：把我的厂房、机器、资金全部拿走，只要还留下我的人，四年以后我又是一个钢铁大王。

我也想说一句类似的话：把一个好学生的教材、教辅书和笔记全部拿走，把他的学习设备全部拿走，甚至把教他功课的老师全部更换掉，只要他的良好学习习惯还在，不出一年，他还会同样辉煌。

提升学习成绩的方法有千万种，但所有方法最终都会指向一个共同的方向——学习习惯，这才是学习的本质。

习惯的力量无处不在。在它尚未形成的时候，是我们在创造它；而一旦习惯正式形成，就变成了习惯创造我们。我们成为什么样的人，会做出什么样的行为，有什么样的成就，很大程度上取决于我们的习惯。

让超级懒汉坚持晨练的方法

养成习惯的过程，实际上就是把我们的意识灌注到潜意识中的过程。由意识通往潜意识的最常见的途径就是重复，也就是我们平时所谓的"坚持"。

培养好的学习习惯并不意味着你要像富兰克林那样力求完美无缺。这本书的目的并不在于教你成为完美的人，而在于帮助你提高学习成绩。很多人谈到学习方法都会有意无意地扯上道德、感恩之类的东西。这些良好的思想品德当然应该培养，不过它们与成绩的提高没有必然的联系。

有些时候，我甚至会把是否掺杂道德评价看作甄别学习方法的标准。一种好的学习方法一定是不涉及道德评价和判断的，否则它就是伪学习方法。坦白一点说，这本书提供的只是工具，这些工具可以被任何人使用。我甚至认为，一个不能被坏蛋有效使用的工具，算不上真正有效的工具。所以，阅读本书的福利之一是，你永远无须担心有人向你灌输道德、人生观之类的东西。我们探究的只是如何提高学习成绩而已。

那么，想在一年的时间里提高上百分，从班级成绩的谷底迅速爬升至上游，需要养成多少个好习惯呢？

100个？

50个？

30个？

以上答案都不对。正确答案是10个。是的，你没看错，只需要养成10个好习惯，你就能打造属于自己的学习奇迹。但培养习惯的过程却是艰难的，这个我深有体会。

我是一个非常懒惰的人，很少叠被子，很少刷碗，很少擦地，很少外出活动。即便是在最不耗费体力的活动——看电视的过程中，我也能别具一格地展示出自己的懒惰——我连遥控器都懒得按，如果正在看的电视节目不太好看，我最多就是缩在沙发里打一会儿盹，等好节目来了再把眼睛睁开。用家人的话来评价，我是那种懒到脖子上挂着大饼还能饿死的类型。

但是，如此懒惰的我却拥有一项许多勤快人都少有坚持下来的习惯——晨跑。

从第一次下决心晨跑到现在，我已经连续奔跑了1500多天，中间除了四次重感冒和两次临时出差导致短暂间歇外，再没有中断过。

想知道我是怎样坚持下来的吗？

我们都有过学习骑自行车的经历。当我们还是初学者的时候，我们不得不有意识地控制车把，用力地踩踏车轮，并且非常努力地保持平衡才能让车子运行起来。

此时，是我们的意识在帮助我们完成骑车的全部动作。但是，当骑自行车已经变成你的习惯的时候，意识便退出了驾驶员的"位置"，取而代之的是你的潜意识。你可以用一只手吃零食，用另一只手控制着车把；用一只脚踩着脚蹬，用另一只脚和同学打闹。做这些事情的时候，你根本无须动脑去想怎么骑自行车。万一出现了意外情况，你也能从容应付。我们之所以能表现得如此潇洒，全是因为潜意识在帮我们的忙。

养成习惯的过程，实际上就是把我们的意识灌注到潜意识中的过程。一旦我们的某项活动开始由潜意识掌控，就意味着我们养成了一套新的习惯。可是，怎样才能让意识变成潜意识呢？

如果你还记得之前我们讲过的自我暗示法的话，便应该知道，由意识通往潜意识的最常见的途径就是重复。不断地重复一句话，会让意识层面的话语进入潜意识，进而改变一个人的自我观念；不断地重复一个动作，会让意识层面的动作进入潜意识，进而改变一个人的习惯。

讲到这里，你猜出养成新习惯的秘诀了吗？

是的，你猜对了，这个秘诀就是重复。

我们需要多长时间的重复才能把一种依靠意识控制的行为变成习惯呢？

对于这个问题，英国伦敦大学的科学家给出的答案是"21天"。换言之，只要你能将一种行为坚持三个星期，你就有很大的可能将它变成一个维系终生的习惯。

当然，21天只是一个平均化的概念，视实际情况不同，会有所增减。

不要以为花费21天去重复一种行为是很简单的事情，我见过太多人中途放弃。那些擅长养成新习惯的人往往都是非常善于自我控制，具有超强意志力的人。如果你就是这样的人，请你跳过这一章吧。对于你而言，只需要了解应该养成哪些新习惯就够了，后面的章节可以给你答案。

对于另一些人而言，我们的自我控制能力远没有那么强大，我们常常屈从于各种诱惑，从而偏离了原来的目标。我们的意志力也很一般，我们往往会在即将看到曙光之前选择放弃，只因为我们不愿意多忍耐那一会儿。

随着我在与旧习惯的作战中屡战屡败，随着我在养成新习惯的过程中尝尽苦头，我渐渐发现，单纯凭借意志力去改变旧习惯或是养成新习惯是很难的。我们往往在事情开始之前过分低估困难，却在困难真正来临的时候高估它们，这也是大多数人中途放弃的主要原因。养成新习惯需要更多的技巧，而不是一味蛮干。

你为什么培养习惯

以我的经验来讲，在养成新习惯的过程中，了解"为什么"比了解"是什么"更重要。明白自己为什么要养成新习惯，给自己一个非做不可的理由是很关键的。因为"是什么"针对的是你的理智、你的意识层面，而"为什么"则针对你的情感、你的潜意识层面。你随时随地可以选择早起，但是你为什么必须早起？你随时随地可以选择节食，但是你为什么要节食？你随时随地可以选择按时完成作业，但是你为什么要按时完成作业？

不要用大人们常挂在嘴边的、冠冕堂皇的那些理由蒙骗自己，你需要给自己的是一个发自内心的、足以震撼你的神经末梢的真正理由。就拿我前面晨跑的例子而言，真正触动我、促使我痛下决心一定要养成早起锻炼习惯的，是我身体的变化。

上大学时我的身体还是蛮不错的，尽管体育考试成绩不甚理想，却几乎从不感冒。但是四年前一切都变了，我先是得了数场重感冒，然后患上了风湿性膝关节炎和过敏性鼻炎。前者让我成了天气预报员，每逢阴天下雨我总是提前知道；后者更是让我吃尽苦头，严重时，我会一连打出二十多个喷嚏，后面几个甚至会把血喷出来。最后我的脖子上长了一个淋巴结瘤。医生告诉我，这是我的免疫力过于低下导致的。

当我知道瘤是良性的时，心情多少放松了一些。不过医生告诫我，如果我的免疫力继续降低，难保身体不出大问题。于是我决定增强免疫能力。我问了很多人，也上网查了一些资料，虽然这些说法不一而同，但有一点是一致的——最根本的增强免疫力的方法不是吃药，而是锻炼身体。而众多锻炼身体的方法中，慢跑是公认效果最好的。于是我便下定决心，开始慢跑。

你可以想象，刚开始，让一个习惯了睡懒觉的人从温暖的被窝里爬起来有多难。但是一想到我脖子上的淋巴瘤，一想到我的鼻炎和关节炎，还有时不时前来骚扰的重感冒，我还是义无反顾地从床上爬了起来，一边揉着惺忪的睡眼，一边穿上运动服。

第一天运动安然无恙。但第二天早上起床的时候就感觉浑身哪里都疼，看来长时间不锻炼的后遗症还真不少。一个星期之后，我就不再感到起床费力了。而运动带给我的也不再是痛苦，当我那发皱的关节完全舒展开后，反而感觉到一种从未有过的舒服。

当然，在坚持这个习惯的过程中，我也无数次地动摇过。最开始的每个早晨，我都能听到两个不同的声音在耳边回响：一边说不要起来，时间还早；一边说如果再不起来，你就等着垮掉的免疫系统送你去见上帝吧。最终往往是后者以微弱优势胜出。

很幸运地，我度过了那段最艰苦的岁月，而晨跑也成了我生命中不可或缺的一部分。

让我将晨跑一路坚持下来的最主要因素是我不断恶化的健康状况。对死亡的恐惧和对健康的渴望成了我坚持锻炼的理由。试想一下，如果我的身体一直很棒，我会把这个习惯坚持下来吗？很可能不会。

习惯的培养在于重复，也就是说，想培养一个学习习惯，首先要做到坚持坚持再坚持，坚持21天，它很可能就成了一辈子的习惯。尽管"坚持"并不容易，但也有诀窍，那就是努力寻找自己养成新习惯的理由，一个让你不得不做的理由。但你不必等到事情已经糟糕到快无法挽回时才起而自救，你要学会从别人身上吸取教训。在了解了足够多人的遭遇和故事后，你的心灵会受到触动，无须提醒自己，你自然会找到开始养成新习惯的理由。

如何培养习惯

··

习惯养成的难易与其好坏无关，无论是好习惯还是坏习惯，都很容易养成，也都很难养成——用正确的方法去培养习惯，就很容易；用错误的方法去培养习惯，就很难。

··

让我们假设你现在已经有了一个足够充分的开始养成新习惯的理由，这个理由足以让你起而行动。但是这还不够。就像汽车启动时仅仅抬起离合器并不会让车子快速奔驰一样，你还需要踩下油门。

关于如何建立和巩固人们的行为，20世纪的两位行为心理学大师给我们提供了弥足珍贵的答案。

第一位大师是俄国人，他的全名叫巴甫洛夫·伊凡·彼德罗维奇。大多数中国人对这个名字中的第一个词非常熟悉。提起巴甫洛夫，很多人都会在第一时间想到他的经典条件反射实验。

与塞利格曼一样，巴甫洛夫的实验对象也是狗。他在给狗递送食物的同时添加了一个不寻常的动作——摇铃。当铃声和食物同时出现在狗面前时，狗开始分泌唾液——这是动物的本能。这样的刺激重复多次后，实验人员去掉递送食物的环节，只是单纯地摇铃。有趣的事情发生了：狗在没有食物刺激的情况下仍然分泌唾液！这说明它已经学会了不同于本能的全新行为，导致新行为出现的关键是旧刺激和新刺激的成对出现。从本质上讲，经典条件反射是一种行为的泛化，即原本一种刺激会引发的结果出现在另一个刺激的结果之中。

巴甫洛夫的实验给后人以无限的启迪。他的实验结论不但被西方心理学家广泛引用，也被实际运用到教育、医疗、社会管理等领域中。对于那些渴望养成新习惯、巩固新习惯的人来说，巴甫洛夫的经典条件反射理论是一把金钥匙。

请回忆一下，你是否曾经经历过这样的情景：当我们想做一些与过去不同的事情时，常常会不经意忘记，而当我们想起这件要做的事情时，偏偏时间已经错过了。

面对这样的情况，很多人都会拿记性不好作为借口，现在你完全可以不必了。

让我们举个简单的例子。比如，你在饭后总是不擦嘴就离席，直到有人对着你指指点点的时候，你才想到去照镜子，把粘在下巴上的饭粒擦掉。现在你想养成饭后擦嘴的新习惯，你该怎么办呢？不断地提醒自己？这看似是个好办法，但实际试试你会发现，在吃饭的时候，你很难把注意力始终保持在这件事上。如果你能采用巴甫洛夫的方法，结果很可能会不一样。

仔细想想你吃饭的时候通常都做哪些事？看电视，和朋友聊天，还是一个人发呆？无论你做了什么，找出一件你每次吃饭时都会做，而且是你喜欢做的事情来。

比如，你总是喜欢在吃到一半的时候去点餐处夹咸菜，那么接下来你要做的就是把夹咸菜这件事和擦嘴这件事连接在一起。最简单的做法是当你去夹咸菜的同时向服务员要几张餐巾纸。这样，当你拿着咸菜和餐巾纸回到座位的时候就会很自然地擦嘴了。

想让新习惯扎根，最好的办法就是让它和一个根深蒂固的旧习惯连接在一起。这非常简单。只要新旧习惯成对出现数次，你的大脑自然就会在二者之间形成神经连接。以后，你就无须再刻意想着怎么坚持新习惯了——只要你沿着旧习惯的轨道前行，新习惯自然会尾随而至。这比单纯凭借意志力去养成新习惯有效多了。

与养成新习惯相比，如何巩固新习惯是个更大的问题。正所谓"打江山易，守江山难"。一旦辛辛苦苦建立起来的新习惯被放弃，想再次建立它就难上加难了。这也是很多人反复减肥，却越减越肥的原因。为我们解决这个问题提供思路的是我们接下来要介绍的第二位心理学大师——美国行为主义心理学家斯金纳。

尽管认知心理学在近些年来日渐盛行，但是你可能有所不知的是，20世纪中叶，整个心理学界几乎全是行为主义学派的天下。包括弗洛伊德在内的心理学派都受到压制，一切与行为主义相悖的心理学理论都很难找到生存空间。而让行为学派走上巅峰的，正是斯金纳。

斯金纳与巴甫洛夫颇有渊源。据说斯金纳大学时的理想是当一名作家，并为此主修英文。但是他对文学的兴趣逐渐转移到了生物学上。其间，他阅读了巴甫洛夫的文献，并对心理学产生了浓厚的兴趣，进而决定把自己的一生都奉献给心理学。

也许是受巴甫洛夫的影响，斯金纳对人类和动物行为的塑造也非常感兴趣。与他的领路人巴甫洛夫不同的是，斯金纳选择的实验对象是小白鼠。他把老鼠装在箱子里，并设置了机关。当老鼠触碰到机关时会有食物通过漏斗落入箱子。当然，刚刚进入箱子的老鼠是不知道这些的。当老鼠四处乱窜的时候，无意中碰到了机关，接下来它们看到了落入箱子的食物。一开始，老鼠并没有意识到导致食物进入箱子的真正原因。但是，随着它们越来越多地触碰机关，食物也越来越多地进入箱子。一旦发现机关和食物的关系，老鼠便开始不知疲倦地踩踏机关，即便实验人员拿走了食物，老鼠们也依然如故。这说明它们已经学会了一种新行为，或者说养成了一种新习惯——踩踏机关。很明显，这也是条件反射。但是与巴甫洛夫的经典条件反射不同，老鼠的行为不是通过将新刺激与原有的无条件反射匹配呈现而形成的，而是通过对行为结果的奖励而形成的，因此斯金纳的条件反射被称为操作性条件反射。

斯金纳认为，人类的行为养成与小白鼠没有任何不同，都是行为被强化的结果。被关注的行为会因为得到强化而持续，而被忽视，即没有得到强化的行为会慢慢消失。因此，任何人都是后天行为强化的产物。20世纪曾经有一部非常著名的电影，叫作《窈窕淑女》。片中的卖花少女被心理学家们运用行为主义的理论和方法，打造成了上流社会的窈窕淑女。在斯金纳学派看来，任何人都是行为主义的产物。只要方法得当，我们可以把任何人塑造成任何样子。

斯金纳的理论一经面世，便轰动了整个世界。他从根本上颠覆了人们对自身的看法。很快，行为主义理论被广泛运用在动物训练、教育、企业管理、军事训练等众多领域。尽管行为主义理论有其固有的局限性，但是在塑造人的行为方面，没有任何心理学理论比行为主义更有效。现在，我们可以利用行为主义来打造我们想要的习惯，或者摆脱我们不想要的习惯。

以我养成晨跑习惯的过程为例。锻炼后不久，我再次罹患了感冒。这件事本来挺打击人的，毕竟我锻炼的初衷是为了不再生病。但是让我感到惊喜的是，本来应该持续打吊瓶、耗时一个月才能挺过去的感冒，竟然只吃了几片药，花了一个星期就被治好了。这让我看到了锻炼身体所获得的实实在在的好处。于是我坚持锻炼的决心就更加坚定了。

这次感冒的快速痊愈和斯金纳箱里的食物在本质上是一样的，它们都是强化物。不过后者是实验人员刻意安排的，而前者则是偶然发生的。

你不能总是指望偶然发生的事件帮助你强化新习惯。想让新习惯巩固下去，你必须人为地对自己的新习惯进行强化。说得再简单些，就是对自己的行为进行奖励。

比如，你要养成的新习惯是"回家后的一个小时之内只做功课，不做其他与学习无关的事"。当真的做到了这一点时，你一定要在第一时间对自己进行奖励，比如吃一块糖或者其他你非常喜欢的食物。不要小看这些奖励，也许一块巧克力就足以让你改变一个习惯。当然，我并没有说你只要吃上几块巧克力就能万事大吉。对新行为进行强化和奖励需要遵循以下规则：

第一，奖励一定要及时。这一点非常关键。斯金纳理论中的强化物必须在行为刚刚完成的时候给予才能产生效果。当你观看马戏的时候很可能会注意到，每当动物们完成一个复杂的动作时，驯兽师都会在第一时间从口袋里掏出食物塞进它们的嘴里。如果驯兽师在动物完成动作一个小时之后再给予食物就毫无意义了。下一次动物再表演同样动作的时候，失败的可能性就会大很多。

第二，奖励不能过分，不要让奖励成为你奋斗的目标。你要明白，奖励存在的意义只是对你的正确行为进行强化。这只是一个辅助性因素。让一个人行为发生持续改变的往往不是外在因素，而是内在因素。因此，一旦我们对自己的奖励过了头，我们延续新行为的动机就会不知不觉地变成获取一定的奖励。当奖励消失时，维持新行为的难度会比从来没有奖励更大。

过分奖励带来的负面作用是如此立竿见影，以至于有些高手会利用它来消除某些业已存在的习惯。我曾听过这样一个故事：一个老人常常被一群在门前嬉闹的孩子所困扰。他使用了各种手段让孩子们离开自己的门口，但孩子们的行为已经根深蒂固，老人未能如愿。后来老人想了一个办法，他对那些孩子说，明天谁到他家门口玩，谁就能得到一美元。孩子们听完高兴极了。第二天，几乎每个捣蛋鬼都如约而至。而这些捣蛋鬼也的确得到了一美元。一连三天，老人都按照先前的约定付给每个孩子一美元。第四天，当孩子们再次来到老人的房子门口时，老人以缺钱为借口，只给了他们50美分，孩子们表现得很沮丧。而第五天，老人继续以缺钱为借口，只打算给每人10美分时，孩子们愤怒了，他们对着老人大吼："你这个吝啬的老头，想花这么点钱让我们在这里玩，门儿都没有。"说完，孩子们便离开了。此后他们再也没有光顾过老人的家门。

下一次，当你打算使用过分的奖励时，不妨想想这个故事。

第三，奖励的实施绝不能妨碍到正常学习，更不能妨碍到新习惯的养成。比如，你不能为了一个小时全神贯注的学习而奖励自己看三个小时的电视，也不能由于连着两节课都没溜号而决定让自己睡上一节课。善行的积累并不意味着我们拥有作恶的权利。

第四，奖励最好间歇进行。心理学家通过实验得出结论，不定期的间隔的奖励比每次都进行奖励更有助于新习惯的养成。想一想那些买彩票的人吧，他们之所以花费那么多时间和精力在彩票上，正是因为彩票给他们的回报是不确定的。如果每次买彩票他们都能中一个很小的奖，就像你在某些商场参加的中奖率为100%的"摸奖"活动一样，他们的动力反而会小很多。

所以，下一次当你打算奖励自己的时候，最好先计算一下你已经连续给自己几次奖励了。

你看过那种轮流抛接数个小球的杂技吗？当你看得眼花缭乱、为小丑们喝彩时，你可曾注意到，无论小丑们抛接小球的总数量有多少，他的一只手每次只能抛出一个球，而另一只手每次只能接到一个球。如果你强迫小丑打破这样的秩序，比如，让他一只手同时抛起三个球，而另一只手同时接住四个球，小丑的表演一定会失败。

养成习惯也是如此。也许你有100个新习惯需要养成，但是同时养成100个习惯却难于成功。人的精力毕竟是有限的，人的大脑在全神贯注的时候只能高效率地完成一件事。如果你一定要它做两件，恐怕哪一件都做不好。

集中精力只做一件事，在一开始必然要多花费一些时间。不过成功养成新习惯的经验会帮助你以更快的速度养成下一个新习惯。正所谓熟能生巧，这条看似缓慢的道路恰恰是最快捷的道路。

也许你要问：我应该从什么时候开始养成新习惯？

现在。过去的你已无法改变，未来并不在你手中，你唯一能把握的只有现在。不要以寻找最好的时机、以缺乏必要的准备为借口去拖延。习惯拖延的人总是说自己会在明天变得勤快⋯⋯而明天永远不会到来。

一开始不要给自己过多的压力，可以适当降低标准，等自己习惯了之后再慢慢提高标准。如果你从来都不早起，可以先考虑在6点钟起床，等适应了再改成5点50分，然后是5点40分，最后才是5点30分。

在养成习惯的道路上，追求完美是你的死敌。如果你认为偶尔的一次偏离轨道就意味着彻底失败，你的成功率将会很低，新习惯的延续也就再无可能。因此，你要学会宽容自己偶尔背离新习惯。如果一向早起的你睡了一次懒觉，并不意味着你又变回了趴被窝的懒虫。只要第二天你仍旧能够早起，就意味着你仍保持着新习惯。

开始行动吧！忘掉你的过去，忘掉你的成绩，忘掉他人的评价，紧紧盯着你正在培养的习惯吧，它将成为你扭转乾坤的王牌。

来自心理学家们的专业研究，让我们洞悉了培养新习惯的有效方法。想让新习惯扎根，首先要找到一个足以打动你的理由，然后就是让这个新习惯和根深蒂固的旧习惯联系在一起。在新习惯培养的早期，我们要及时对自己的正确行为进行奖励。当我们精心为自己打造的内外条件都发挥作用时，维系终生的新习惯也就随之而来了。

第五章

拿起你的放大镜

有人天生注意力超群，有人天生注意力低下。这样的认识让我们沮丧，但注意力真的只能天生决定吗？通过后天训练，我们能不能练就高度集中的注意力呢？

记忆形成的闸门——注意力

我们通常所说的"记住了"指的是长时记忆，而在长时记忆形成之前的两道筛选工序中，起决定性作用的是注意力。

从这一章开始，我将向你介绍高效学习必须建立的10个习惯。它们是从上百个"兄弟姐妹"中挑选出来的精英，是成功大门的钥匙。这些习惯中的大多数你都很熟悉，但是你也许从未想过它们如此重要，更没有想过它们竟然会成为拉开你与别人差距的分水岭。

传说阿基米德70岁的时候，其所在的城市遭遇了罗马帝国舰队的入侵。城里的青壮年都出去抵御敌人了，但仅凭这点兵力想抵抗罗马军队是无法想象的。聪明的阿基米德让城里的老人和妇女找出镜子，把反射的太阳光都集中在罗马战舰的船帆上。没过多久，罗马人便发现自己的战舰着火了。惊慌失措的士兵们扯下船帆，狼狈而逃。

这是一个非常经典的故事，经典到连美国总统奥巴马都被牵扯进这一证伪的过程中来。但是对我来说，这一事件的真假是不重要的。因为即便这个故事并没有真实存在过，但它至少说明了一个真实存在的道理——专注的力量是强大的，无数个分散的力量集中在一起，可以创造奇迹。

对比一下学习成绩好与学习成绩不好的人，你也许会得出一些结论。

二者在学习成绩上的差距是最直观的，这也是我们通常判断学习好坏的依据和标准（尽管它并不像看上去那样可靠）。

上课时的学习效率也是差别之一。成绩好的学生听课似乎更认真，他们很少溜号，也很少做与课堂无关的事，而成绩不好的学生则总是成为反面典型。

从思维过程来看，二者对新知识的记忆效率有着十分明显的不同。同样是昨天老师刚刚讲过的知识点，成绩好的学生总是轻松记住并能正确复述，而学习成绩不好的学生则似乎很难记住这些新知识。

为什么会存在以上这些差别呢？对这个问题的回答正确与否，将直接决定我们能否消除这些差别，让自己也进入成绩好的学生的行列。

对上述问题持悲观态度的人往往认为，是智商的不同导致了上述差别。如果你也这样想，恐怕你只能继续做这种错误观点的牺牲品了。

不同学生在记忆效率、听课状态和反应速度等方面的差别，几乎与智商没有任何关系，它们只是专注程度不同的体现。只要我们能够把成绩不理想的学生的专注程度提高到和成绩好的学生一模一样，他们也将拥有与成绩好的学生一样的学习状态、学习效率和学习能力。

毫不夸张地说，你的注意力在哪里，你的成绩就在哪里。

我们可以把注意力想象成一只漏斗。在漏斗本身有严重破损的情况下，注入的信息越多，被遗漏和错过的信息也就越多。同样的大脑，在专注的状态下和涣散的状态下工作效率是截然不同的。一件工作，在集中注意力的状态下如果需要花费十分钟来完成，那么在注意力涣散的状态下一个小时也未必能完成，而且工作的质量还会大打折扣。学习也是一样，善于集中注意力的学生在十分钟内学习到的内容，恐怕比注意力涣散的学生一个小时内学到的还要多。这种差异日积月累，必然导致成绩上的鸿沟。

很多老师都会疑惑于一个问题：为什么一个知识点自己重复讲过好几遍，可学生们总是记不住？这个问题同样可以用"专注程度"来解释。

人类的记忆系统大致分为三类，分别是感觉记忆、工作记忆和长时记忆。三者之间的关系就像三个层叠相加的漏斗一样，它们之间的关系如下：

信息 ⟶ 感觉记忆 ⟶ 工作记忆 ⟶ 长时记忆

我们通常所说的"记住了"指的是长时记忆。一则信息必须经过层层筛选、层层选拔才能真正被我们记住。在长时记忆形成之前的两道筛选工序中，起决定性作用的是注意力。

首先，注意力决定着信息能否进入感觉记忆系统。只有那些被感觉器官注意到的信息才有可能进入感觉记忆系统。而那些没有被注意到的信息则会被大脑过滤掉，就像它们从未存在过一样。当你转过头和身后的人说话时，你很可能会错过正面的视觉信息，比如电影的某个关键镜头。当别人在事后和你讨论这段电影情节时，你也许会以为自己发生了遗忘。其实，你并没有遗忘，因为这些信息从来都没有进入你的大脑里。

如果一则信息很幸运地被你的感觉器官捕捉到，你会在意识到它的存在前便对其进行加工，从而形成感觉记忆。接下来，感觉器官会暂时退出舞台，把上一个环节获得的信息输送到大脑。正是在这一环节，感觉记忆将被加工成短时记忆。而此时，决定感觉记忆是否能进入大脑深处形成短时记忆的，仍然是我们的注意力。只不过，在这一环节，我们的注意力由身体外部转移到了身体内部。

那些虽然被感觉器官捕捉到，却没有被注意力持续关注的信息，会在数秒之内迅速消失。这种信息的遗失是不可逆的。也就是说，一旦这些信息由于得不到注意力的关注而消失，就再也找不回来了。魔术师们经常利用这一点完成他们的魔术。尽管我们的眼睛一直在关注魔术师，但他们却会在最关键的时刻通过一些比较明显的动作和道具分散我们的注意力，从而使得那些对揭穿魔术秘密大有帮助的线索由于得不到关注而自动消失。

即便信息进入了短时记忆通道，也不意味着它可以被长时间地记住。因为短时记忆的容量十分有限，通常情况下，人们一次只能记住七个单位左右的信息。超出这个数字，人的记忆能力就会变得捉襟见肘。

此时，注意力会再次发挥重大作用。为了让我们的大脑不至于因为过度使用而耗尽能量，注意力会强迫大脑在众多短时记忆信息中选择七个，其他信息则会被淘汰掉。如果此时我们选择了七个无关紧要的信息进行短时记忆，再想继续对需要的信息进行强行记忆的话，大脑会因为自我保护，将注意力关闭。这个过程就如同把水倒进已经斟满的杯子里——我们可以无限地倒下去，但装在杯子里的水丝毫不会增加。

总的来说，注意力相当于记忆形成的闸门。只有经过这道闸门的信息才有可能进入长时记忆（也就是我们常说的"记住了"）。而没有经过注意力这道闸门的信息连进入短时记忆都不可能，更别提长时记忆了。

毫无疑问，不懂得集中注意力的同学在一开始就处于极为不利的位置上。由于缺乏专注力，他们在课堂上听到的、看到的大部分信息都在注意力涣散的状态中灰飞烟灭。更可怕的是，一个在课堂上无法集中注意力的学生，在课后也不太可能高度集中注意力。我们可以监督他们一遍又一遍地阅读课文、背诵知识点、演练习题……可是，如果我们无法教会他们集中注意力，这一切只是浪费时间而已。

注意力促进思维能力

注意力影响到的，不仅仅是我们的记忆，它还直接影响着我们思维的效率和质量。集中注意力，才能让思维变得更活跃。

人类的大脑由1000亿个神经元组成，这是一个非常庞大的数字。有人做过计算，即便我们把牛津图书馆里所有藏书的信息都装进我们的大脑，我们还有足够的神经元去从事所有正常的活动。这一方面说明了我们大脑中蕴藏的惊人潜能，另一方面也说明了我们对这些潜能的利用是十分有限的。

不过，如果你认为这1000亿个神经元每时每刻都在工作，那就错了。因为这既不可能，也没有必要。虽然我们吸入的氧气中有五分之一会输往大脑，不过那只是维持很少一部分神经元工作的必要能源。将大脑运行中产生的生物电集中在一起的话，只能点亮一个20瓦左右的电灯泡。这说明我们的大脑还是非常注重节能环保的。

　　如果我们把这1000亿个神经元想象成电灯泡，把我们的大脑想象成容纳这些灯泡的透明灯箱的话，这个巨大的灯箱将会发射出像萤火虫一样忽隐忽现、忽明忽暗的光芒。这是因为被利用到的神经元会短暂地亮一下，并在使用结束后立即熄灭，与此同时，其他被利用到的神经元会被相继点亮。

　　如果你想让这只巨大的灯箱尽可能亮一些，你会怎样做？是将那些被点亮的电灯泡集中在一起，还是让它们分散开来？

　　答案是不言而喻的。过于分散的光源无法照亮任何东西，只有集中的光源才能让你看清前方。如果我们有能力将所有光线都集中于一点，它就会创造出巨大的能量，也许能点燃我们手中的纸。这正是我们大脑工作的方式。当我们的注意力处在涣散状态时，正在活动的神经元也会处在彼此分散的状态，它们无法形成足够的合力，就像我们在一个5000平方米的大厅里点亮四个彼此相距遥远的灯泡一样。如果我们希望大脑中的"光线"能更亮一些，便只能启动更多的神经元加入工作的行列。但是持续分散的注意力会继续阻止神经元集中在一起工作。可以想象，即便我们在那个5000平方米的大厅里再点亮四个灯泡，而这四个灯泡仍然和其他灯泡相距遥远，最终，我们还是无法点亮整个大厅。

　　在现实生活中，我们能在大厅里安装近乎无限个灯泡。只要灯泡的数量足够多，我们总能把大厅点亮。但是大脑能够调用的能量却非常有限，它只能使用20瓦左右的能量，且这些能量已经占据人体消耗总能量的五分之一。大脑不可能向我们的身体索要更多的资源。在1000亿个神经元细胞中"点亮"七组神经元所需的能量，要比在5000平方米的大厅中点亮四个灯泡更加微不足道。一旦更多的神经元被大脑启用，它们将分散掉原本就捉襟见肘的能量，从而让思维的效率更加低下。因此，大脑调用的能量和工作效率的关系可能与大多数人的直觉相反——当我们的大脑消耗更多能量时，我们的思维效率常常不是变得更高，而是变得更低。

　　解决问题的办法看起来只有一个——集中注意力。当注意力处于集中状态时，神经元将能够更好地交流信息，并协同一致开展工作。此时它们产生的能量就像放大镜下聚焦过的光线，虽然范围有限，但威力巨大，任何处在焦点位置的物体都会被加热，甚至被点燃。有意思的是，当我们的大脑工作效率最高的时候，它消耗的能量恰恰是比较少的。

这一结论业已被脑科学家们所验证。神经学家理查德·海尔（Richard J.Haier）在1988年发现，大脑的神经活动与脑细胞对葡萄糖（大脑工作的能源）的消耗成正比。但是，在比较不同难度的推理测试时，海尔发现：那些注意力涣散、得分较低的人，反而是大脑葡萄糖消耗较高的人；注意力集中、得分最高的人，大脑消耗的能量反而最低。

注意力越集中，我们的大脑就越节能、越高效。由此可得，那些注意力始终处于涣散状态的人，其实才是学得最辛苦的人，反倒是那些注意力集中的学生学得比较轻松。所以，即使只是为了保护我们的大脑，避免过度的能量消耗，我们也应该认真研究如何集中注意力。

注意力与幸福

快乐和痛苦作为人类的两大基本情绪，对学习进程的影响是决定性的。它们会导致多米诺骨牌般的连锁反应，而注意力正是让你在学习过程中寻找幸福感的钥匙。

我相信，我很可能不是第一个和你说"学习是快乐的"的人。同时，我也相信，你很可能从来都不相信这句话。在现实生活中，与学习有关的一切大多给你带来的是痛苦，这也是你一直在心里隐隐讨厌学习的原因。但是你要知道，学习并不必然是痛苦的。如果方法得当，学习的过程也可以变得很快乐，甚至学习给人带来的快乐会超过你曾经痴迷过的任何一种娱乐活动。不相信？让我们来看看来自芝加哥大学的心理学研究吧。

美国芝加哥大学心理学教授米哈里·契克森米哈赖把一生中最宝贵的时光都花在了寻找快乐和幸福上。和苏格拉底、亚里士多德那样的古典哲学家不同，契克森米哈赖教授并没有把幸福看作一种抽象的精神状态。他也没有以"世界上不存在两片相同的叶子"为理由放弃对"幸福"进行标准的定义。契克森米哈赖教授坚信，无论你来自哪个国家、生于哪个时代、性别如何、性格如何，你都有感受幸福的能力。而且他坚信所有人对幸福的感受都是基本一致的。

他甚至希望自己能像化学家那样找出幸福的组成成分，并进而破解幸福的密码。这看上去有些不可思议，但是契克森米哈赖教授做到了。他为此花费了数十年的光阴，采集了十多万份实验数据，从而得出了十分精确的实验结论——幸福并不是人们想象中的那么抽象，它由一些固定的成分组成。并且，只要人们愿意，幸福完全可以人为创造出来。

这完全颠覆了我们对幸福的传统认知。哈佛大学的哈沙尔博士以契克森米哈赖教授的研究成果为基础，开设了快乐心理学课程。该课程一举打破了经济学原理课程在哈佛大学的垄断地位，成为整个哈佛大学最受欢迎的课程。

在谈到创造幸福和快乐的方法时，契克森米哈赖教授重点强调了"专注"这一必要条件。一切幸福和快乐都与专注有关。一个三心二意的人是无法感受到幸福的。我相信在你的生命中一定有过这样的时刻：当你完全沉浸在一件事情中时，你会忘记所有烦恼和不快，你会忽略身边的人和他们正在做的事情，你甚至会忽略你自己的存在。当你达到这样的状态时，你一定能感受到发自内心的幸福和快乐。

和那些重复、机械化的电脑游戏、手机游戏相比，学习作为一种需要一定智力投入的活动，更容易让人进入专注的幸福状态。如果你有办法让自己把全部注意力都集中在学习上，你自然能找到快乐。成绩好的学生们之所以会喜欢学习，享受学习的过程，在很大程度上是因为他们能够高度集中自己的注意力。

因此，注意力不但是通向记忆和高效率思维的闸门，还是打开幸福和快乐之门的钥匙。

学习过程中的专注程度不仅仅影响人们学习的过程和结果，它还直接影响人们在学习中的感受。也许你很少想过，我们在做一件事的时候，是否能感受到快乐，在很大程度上是由我们的注意力集中到何种程度决定的。在学习的过程中越专注，就越容易从学习中感受到快乐。反之，注意力的频繁转移会让我们在学习中感到郁闷和痛苦。这也是很多人有厌学情绪的根源。

读完本章，想要分享阅读感悟？
好书推荐 » 社科资讯 » 书友交流社群
◀ 微信扫码，获取本书配套服务

注意力训练前的准备

注意力也像肌肉一样，能够因训练而变得强大。但在训练之前，我们需要先准备好相关辅助工具和有助于注意力集中的环境。只有前期准备妥当，正式训练起来才能事半功倍。

如何才能让一个人学会专注呢？对这个问题人们存在诸多不同的看法。有些人认为专注是一种与生俱来的品质，后天活动对这种品质的影响微乎其微，因此专注是无法学会的。也有人持完全相反的观点，认为专注与个人的先天素质无关，它完全是在后天活动中形成的。

公平地讲，这两种观点都有一定的合理性。遗传信息对人的气质类型具有决定性的影响。同样是刚刚出生的婴儿，有些很安静，能够自然入眠；而有些比较活跃，即便大人不断哄着也难以入睡。这并不是后天教化和接受社会训练的结果，而是婴儿先天的遗传基因的作用。因此，并不是每一个拥有专注习惯的人都经过刻意的训练。有些人生来就拥有比别人更强的专注能力。

但遗传基因并不能决定一切。一个先天内向的孩子有可能成为一个激情四射的演说家，而一个先天外向的孩子有可能成为参禅入定的大师。人在本质上是社会性的动物，一个人能够成为什么样的人，不仅仅取决于他从父母那里继承而来的DNA，还取决于他所处的社会环境和他的主观努力。而在以上三个要素——DNA、社会环境、主观努力中，只有最后一个才是我们能够切实把握的，这也是我们培养专注力的切入点。

专注力，或者说注意力，就像我们的肌肉一样，可以通过不断训练变得更加强大。绝大多数人之所以没有像锻炼肌肉一样锻炼自己的注意力，是因为他们根本不知道注意力是可以通过锻炼提高的能力。

大多数人都把注意力看成可以由主观意志随意分配的资源。他们认为一个人的注意力是否集中，取决于这个人想不想努力做到。如果一个孩子注意力很集中，那么我们会认为这是他主观努力的结果。相反，如果一个孩子注意力不集中，我们会认为这个孩子有意放弃主观努力，需要管教一下。因此，老师在上课时会重点"关照"那些溜号的学生。家长们也时常因为孩子没有集中精力学习而对孩子进行责骂。

在这件事情上，我认为孩子们最多只能为溜号承担一半责任。当然，我不想为那些有溜号和开小差习惯的孩子开脱，但我们必须承认这样一个事实：人的注意力绝不是可以完全由自己掌控的。能够集中注意力的人未必真的很努力，对于他们来说，集中注意力已经成为习惯；而那些无法集中注意力的人也未必不努力，只是因为他们还没有养成集中注意力的习惯。

不同的人在注意力的集中程度上千差万别。我们千万不要因为自己在某件事上能够很轻松地集中注意力，就认为所有人都理应如此。我在大学时代曾经非常喜欢阅读那些晦涩的哲学著作，并乐在其中。而我同寝室的同学却非常喜欢那些市井小说。我曾试着读那些小说，但觉得非常没劲，看了几页就坚持不下去了。而他们读我看的哲学书也是哈欠连天，连一页都还没读完就放下了。类似的情况相信大家都曾经遭遇过。这个例子本身无法说明谁集中注意力的能力更强，只能说每个人在不同的事物面前集中注意力的能力是不一样的。

怎样做才能提高我们的注意力呢？

想一想我们是如何锻炼肌肉的吧！让我们假设你决定锻炼自己的胸大肌，让自己看起来更强壮、更有男人味。为了实现这个目标，你打算每天做俯卧撑。以目前的情况，你每天只能做10个俯卧撑。但是如果天天坚持锻炼的话，两个星期后，你也许能做到15个。再坚持一个月，你也许就能做到20个了……最终，你会拥有让人羡慕的胸肌。

锻炼注意力也是一样的道理。我们可以想象自己的大脑中有一块专门负责注意力的"肌肉"。你每次进行注意力的训练，都会促使这块肌肉变得更强壮。如果一开始你只能集中5分钟的注意力，那么经过不断的训练，你集中注意力的时间会延长至10分钟、20分钟……直至一个小时。

那么，怎样才能训练自己的注意力呢？显然做再多的俯卧撑也无法帮我们实现这个目标。锻炼大脑需要一些特殊的方法。很多人之所以认为人的脑力无法提高，就是因为他们没有找到正确的训练方法。接下来，我会先教你如何为集中注意力创造有利环境。即便你不再做其他努力，也可以通过这项改变显著改善自己的注意力。

传说毛泽东早年非常喜欢磨炼自己的意志。除了洗冷水澡、登山远足之外，他老人家还发明了一个"绝活"——在戏台子底下看书。我们可以想象在周杰伦专场演唱会上阅读《周易》，其难度可想而知。

在那个全民热衷于造神的年代，伟人身上的一小点光亮都会被无限放大，戏台子底下看书的"壮举"作为伟人拥有超人意志力的证据在民间流传开来。有些人为了锻炼自己的注意力，也学习伟人的样子，专门找一些热闹的地方看书，从而磨炼自己的注意力和意志力。不瞒你说，我就是"有些人"中的一员。

那段时间老师经常批评我注意力不集中，为了锻炼自己的注意力，我决定在商场里看数学课本。坚持了一个星期后，我发现——我浪费了整整一个星期的时间！

数学课本上的字我几乎一个也没看进去。在经历那次失败后，我又做过几次类似的实验，结果无一例外地都以失败告终。实践证明，对于一个没有养成专注习惯的人来说，在充满干扰的环境中练习集中注意力是不可能有效果的。毛泽东是否真的在戏台子底下看过书，我们不得而知。但是即便此事真的存在，也只能说明这种锻炼方法对已经养成了专注习惯的人才有效。因为，只有具备足够抗干扰能力的人才有可能在充满干扰的环境中读书。

你应该从我的失败中吸取教训。在刚开始培养专注习惯的时候，你必须尽可能排除一切可能存在的干扰。

理论上，一切能够进入我们感觉器官的东西都有可能对我们构成干扰。我们首先要排除的是光线的干扰。

在舞台表演中，我们常常能看到灯光被打成一束小圈，跟着某个主角走。而光圈以外的部分，我们则看不到。剧场这样做，正是要引导我们的注意力。在舞台灯光师们看来，灯光辐射范围就是我们注意力的范围。

因此，如果我们想减少光线给注意力带来的不利干扰，最好选择晚上进行注意力训练，而不是白天。基于同样的原因，我建议你使用护眼灯进行训练，而不是日光灯。后者的照明范围太广，与白天几乎没有什么区别。而前者则大大限制了你的视野，从而减少了注意力的分散。

在确保目光只能看到台灯照射的有限范围后，我们还要对非常重要的学习装备——桌椅进行慎重选择。

如今很多学生的学习装备比办公室白领的还要高级。有些家长为了鼓励孩子学习，给孩子配备了老板桌、高档沙发椅。他们觉得更宽大的桌子和更舒服的椅子应该会帮助孩子们更快地进入学习状态。然而事与愿违，很多给孩子配备了高档学习工具的家长都发现，孩子们不是更快地进入到了学习状态，而是更快地进入到了睡眠状态或是娱乐状态。

当气急败坏的家长们劈头盖脸地训斥孩子的时候，他们很可能忽略了一个问题：正是他们提供的优越学习条件给孩子们带来了学习障碍。就拿桌子的大小来说吧。表面上看，桌子应该是越大越好。可是如果你仔细观察自己和周围的人，就会发现大多数人的行为习惯都是，尽可能将桌子上所有能放置东西的地方摆满。因此，你的桌子越大，放置在上面的东西越多，有可能分散你注意力的东西也就越多。而且，你每次整理书桌的时间也会很长，这些因整理物品和分散注意力而浪费的时间积累在一起是惊人的。

如果你承认这种现象的存在，最聪明的处理对策就是，尽可能给自己找一张小一些的学习桌。当然这张桌子也不能太小，它应该刚好能够放置一盏台灯、一本书、一本练习册，还有必要的文具。说到这里，可能你会想到一个问题：按照这样的标准，学校里的书桌不就是最好的选择吗？

如果你真的这样想，那么我要恭喜你，因为这正是我的建议。使用标准学习书桌不但能够最大限度地减少注意力的分散，还模拟了和学校一样的学习环境，从而能够帮助你更快地进入学习状态。更重要的是，相同的环境会让人们的记忆效率大大提高。你在课桌前记住的东西有更大的概率会在课桌前想起来。而你在老板桌前记住的东西也有更大的概率在老板桌前想起来。考虑到你参加学校考试，而且中高考都是使用学校的标准桌椅，所以在老板桌前学习就不是明智的选择了。

桌子说完了，我们再来说说椅子。大多数人会认为椅子是越舒适越好。如果我们的目的是尽快入睡的话，选择宽大舒适的椅子是再合适不过的；如果我们的目的是尽快进入学习状态的话，宽大舒适的椅子只能事与愿违。一个科普节目谈到，现代汽车频频发生车祸的一个重要因素是驾驶员座椅设计得过分舒适，从而更容易导致驾驶员困倦。专业人士研究发现：相同的疲劳程度下，舒适的座椅更容易让驾驶员陷入打瞌睡的状态，从而导致交通意外。因此，如果你希望在学习的过程中保持清醒的话，就换一把硬质的椅子吧。虽然你有可能由于轻微的不舒服而不断调整坐姿，但你的注意力也会被随时调整到较佳的状态。

搞定桌椅后，我们再来看一看如何摆放学习用品。

在学校里，我经常能看到一些学生把书和辅导资料像小山一样叠放在书桌上。表面上看这是学生用功读书的表现，但实际上这最多只能说明他们很懒惰。他们把书本像小山一样堆放在课桌上无非有两个原因：第一，把这些书本作为他们进行"地下活动"的掩护；第二，他们懒得把这些学习资料拿回家，或者懒得进行整理，放进桌膛。

抛开个人生活习惯不讲，随意摆放学习资料和用品也会产生众多不利影响，那些摆放在我们视野范围内的"书山"不但会分散我们的注意力，还会对我们形成负面的心理暗示，好像学习的任务很多，都快堆成山了。这些潜在的心理压力会让那些本来就不是很愿意主动学习的学生更加不情愿完成眼下的学习任务。

为了避免出现这样的情况，我们要尽量精简书桌上的物品。除了我们正在学习的单科的书、练习册及必要的文具外，其他与正在进行的学习活动无关的书和物品要放在眼睛看不到的地方，比如，座位下面、桌膛或者身后。

最后，我们还要管好自己的耳朵。人类最重要的感觉，除了视觉，就是听觉了。电视、手机、MP3、人们的说话声都会对你正在进行的学习活动产生干扰。这也是所有学校、老师都会强调课堂纪律的原因。没有安静的学习环境，学习效率是很难保证的。有些同学喜欢戴着耳机或者开着音响学习。他们认为听歌的时候情绪比较饱满，学习效率自然比较高。

从情绪调动的角度讲，这种做法不是完全没有道理。但是科学家们通过实验已经证明，任何背景音乐都会使得大脑分配一部分资源去处理，这自然降低了我们能够投入学习的智力资源。因此，通常情况下，在没有任何声音背景的情况下学习要远比听音乐学习更有效率。古人们常说的"两耳不闻窗外事，一心只读圣贤书"，绝不只是一句老生常谈。

就像长辈们念叨的那样，良好的学习环境是学习成功的保障。外在环境的改变能帮助我们集中注意力。

首先，你需要把训练注意力的时间选在晚上，并选择聚光适度的护眼台灯，因为视觉范围有限，你被干扰的可能性就大大降低了。其次，你需要合适的桌椅，不宜太过宽敞舒适，学校配备的桌椅是不错的选择。再次，你需要精简桌面上的物品，不要给自己造成"任务重"的心理压力。最后，你需要安静的学习环境，边听音乐边学习的做法并不推荐。

打造惊人的注意力

　　使用以下提升注意力的专业训练方法，并循序渐进地加以练习，你将获得超强的注意集中能力。每天重复做这些练习不会耗费你太多时间，却能带给你意想不到的收获！

　　《西游记》中记载了这样一则故事，唐僧师徒途经车迟国，和妖精化身而成的国师比赛。虎力大仙要和唐僧在高台上比试念经打坐，看看谁能坚持得更久。他本以为可以轻松取胜，却不想唐僧的注意力真不是盖的，连续念好几个时辰的经文，愣是纹丝不动。难以获胜的虎力大仙只好托鹿力大仙作弊，却不想被孙悟空使了个手段，自己从高台上栽了下来。

　　小时候读到这段故事只是觉得很好玩。长大后重读才发现唐僧其实很不简单。用现代人的语言来形容，唐僧是一个注意力极强的天才。和孙悟空那种上天入地之类的虚幻本领不同，注意力的集中能力自古以来就是现实社会极为重视的一项技能。只可惜《西游记》只记载了唐僧的"壮举"，却没有详细讲他是怎么修炼出来的。不过没关系，《西游记》里没有告诉你的那些秘密，我会告诉你。

如果我们把学习比作"砍柴"的话，那么对注意力的训练就是"磨刀"。只有把刀磨快了，砍柴的时候才能得心应手。考虑到注意力对学习成绩的决定性作用，每天花费一点点时间对其进行专门训练是非常划算的一件事。当绝大多数学生都浑浑噩噩地凭借自身原始的注意能力进行学习时，那些有意识训练注意力的同学必然能抢占先机。

接下来我们就讲讲训练注意力的具体方法。

【训练一】静物凝视

这是最简单的训练方式。具体方法如下：

点亮台灯，把桌面清空，然后在桌面中间放置一个物体。这个物体可以是橙子，可以是中性笔，也可以是一块糖。选择凝视的静物既不要太大，也不要太小，以眼睛可以将整个物体看成视觉的焦点为准。记下开始时间后用眼睛凝视这个物体，要排除心中的一切杂念，什么都不要想，只要静静看着就好。当你的注意力游移到物体之外，或者明显走神、溜号、沉浸在某些回忆之中的时候就要停下来。计算一下自己维持注意力的时间，把它记在一个专门的小本儿上。然后重复刚才的步骤，继续凝视这个物体。

在进行静物凝视的过程中要坚持记录凝视时间，累计凝视的总时间要控制在十分钟左右。

【训练二】冥想凝视

在静物凝视达到可以连续凝视接近十分钟的时候，你就可以进入第二阶段——冥想凝视的练习了。

与静物凝视相似，在第二阶段的训练中，你也需要对一个物体进行不间断的凝视。只不过，你需要闭上眼睛。除了闭眼之外，其他一切训练细节都和静物凝视相同。

被选择冥想的对象可以是手边实际存在的事物，也可以是不在身边的、想象出来的事物。

如果你选择手边实际存在的事物进行冥想，可以先对该物体凝视十秒钟。然后再闭上眼睛，把这个物体的细节一一在内心描绘出来。看着它，好像它就在眼前，一旦分心想其他事情，请立刻停止练习。记录下本次冥想凝视所用的时间。然后开始下一轮练习。总练习时间要控制在十分钟左右。

如果你选择用不在身边的、想象出来的事物进行冥想，你还需要对冥想对象进行一番选择。被选择用来冥想的事物必须是你熟悉的。最好选择生活中实际存在的事物，不要拿你不熟悉的东西作为冥想对象。被冥想的事物应该有一些细节，这些细节应该比较容易观察和记忆。但细节太多，事物太复杂也不适合用来冥想。

和"训练一"一样，通常一开始总是很艰难，不过坚持一段时间就会发现这很简单，而且很有趣。当你做完十分钟的冥想凝视后，通常还会感觉到放松和精力充沛。

当可以连续完成十分钟左右的冥想凝视时，你便可以开始下一个阶段的练习了。

【训练三】动态凝视

之前的两个阶段都是在眼球不动的情况下进行凝视。第三阶段我们要练习凝视移动的物体。如果你按部就班地完成了前面两个训练，此时你的注意力应该很容易集中，抗干扰的能力也会比较强。所以，我们训练的时间可以不再局限于夜晚，白天也可以进行。与前面两项训练相比，这项训练更接近实战。毕竟，老师在讲课时经常是走来走去的，板书一般也是由左至右、由上至下进行书写的。

一开始，要从移动范围小的物体开始，比如时钟的指针，等到熟练了，再换一些大范围移动的物体，比如天上的白云。选择移动物体时，切忌选择那些高速移动的、在很短的时间内从你视野里消失的物体，比如飞驰而过的汽车。像时钟指针那样循环运动的物体是最理想的训练对象。与之相类似的物体还有钟摆、感光运动的玩具、霓虹灯等等。

和前面两项训练一样，在注意力游移的时候就停下来计算单次凝视的时间，总时间控制在十分钟左右。当能够一口气进行十分钟的动态凝视时，你便可以进入最后一项注意力训练了。

【训练四】整体凝视

整体凝视的基本要求和动态凝视相同，可以在晚上进行，也可以在白天进行。如果是在晚上进行的话，请选择照明条件比较好的环境，如果是在室内进行训练的话，请关掉护眼灯，启用日光灯。

在训练开始前，你先大致选定要凝视的方向，比如东西南北、前后左右之类。选定方向后，你有十秒钟的时间对该方向范围的物体进行凝视。在凝视的过程中，你不能转动头部，也不能转动眼珠。同时要尽可能扩大你的视野，争取看到更多的东西。十秒钟后，你要立刻低下头，把自己刚才看到的东西都写在纸上。不要靠猜测，拿不准的东西先不要写出来。当你确认已经把该写的东西都写下来了时，请抬起头，对照眼前的事物比较一下，看看你究竟写对了多少件物体，有哪些物体被漏掉了。

单次训练完成后，你可以选择换一个方向或者干脆换一个场景来进行下一轮训练。总时间不要超过十分钟。

练就了注意力后，还要试着把它投入到实战中去，只是在这之前，还有一个小小的问题：我们需要明确注意力的焦点。

就视觉而言，集中注意力必须有视觉上的焦点。在上课时，老师本身就足以成为焦点。在学校的时候，寻找注意力的焦点并不难，因为你的大部分时间都是由老师和学校规划好的，在大部分时间里都会有人提醒你焦点在哪里，因此你无须担心注意力缺乏焦点的问题。

但是回到家里自主学习的时候就不一样了，没有人告诉你应该做什么，没有人规定你必须干什么。很多同学都像无头苍蝇一样在不同的学习资料之间晃来晃去，或者捧着一本书，东边一榔头西边一棒槌地胡乱翻看。结果几个小时过去，也没学到多少实际的东西。

这些最有可能帮助你弥补差距或者超越竞争对手的时间就这样白白浪费了。有什么办法可以解决这个问题吗？

来自英格兰南部的普利茅斯（Plymouth）大学的心理学家杰克·安德雷德（Jackie Andrade）给出了一个看似玩笑的答案：涂鸦。

每个人小时候都曾经学习过涂鸦。起码在幼儿园阶段，那是我们的必修课。然而，不知从何时起，我们远离了绘画，远离了涂鸦。信手涂鸦被看成是孩子气的行为。那些自认为成熟的孩子对这种行为感到非常不齿。但是我们还是能够在教室里发现涂鸦的影子。那些教室墙壁上略显稚嫩的小人画，那些书桌上奇形怪状的符号，似乎都在向我们讲述着孩子们的奇思妙想。

在观察教室涂鸦的过程中，我发现了一件很有趣的事情：高年级的学生总是比低年级的学生画出更多的涂鸦。尤其是临近毕业考试的班级，涂鸦格外得多，以至于很多学校在毕业班离开后必须重新粉刷墙壁才能迎接新生的到来。这种现象部分地说明了涂鸦行为和学生心理压力的关系。压力越大的学生越容易产生涂鸦的需要。最极端的一个证据是：那些在考场上因为不会答题而无所事事的学生，经常会通过在纸上涂鸦来打发时间。

涂鸦不仅仅能够减轻人们的心理压力，还能够帮助人们集中注意力，甚至提高记忆的效果。安德雷德为了证明这一点，设计了一个实验。她让40名实验志愿者倾听为时2.5分钟的录音。这是一段相当索然无味的谈话，内容是一个人针对邀请哪些人、到哪里开生日派对征求大家的意见。在录音中，说话的人分别提到了8个地名和8个人名。40名志愿者被分成两组：一组在聆听录音时什么也不做，而另一组在聆听录音时被要求在纸上涂鸦。聆听完录音后，实验者要求两组志愿者回忆那些被提到的地名和人名。结果涂鸦组以29%的明显优势胜出。

决定两组志愿者回忆效果差异的关键因素就是看似不起眼的涂鸦。信手涂鸦的行为影响了志愿者的注意力集中程度，并进而影响了他们的记忆效果。（关于记忆力和注意力的关系，可以参看前面的章节。）

这个实验以及结论是振奋人心的。如果实验者可以通过简单的涂鸦来提高人们的注意力和记忆效率，我们为什么不能将这项强有力的工具运用在学习中呢？

其实，早在安德雷德开始这次实验的40年之前，就已经有人发明了一套类似于涂鸦的工具帮助人们学习。这个人就是英国的思维学家东尼·博赞，他发明的学习工具叫作思维导图。

这种神奇的思维工具，我们会在后面的章节里详细介绍。

通过静物凝视、冥想凝视、动态凝视、整体凝视四个步骤循序渐进地严格训练，可以使一个注意力涣散的孩子转而拥有持续而稳定的注意力。拥有强大的注意力，就等于一只脚踏进了优等生的行列，只要能够保证注意力的随时集中，即便现在的基础很差，一样可以迎头赶上，甚至超越那些远居前列的竞争对手。

第六章

先学习后娱乐

学习和娱乐冲突，要么为了学习舍弃娱乐，要么沉迷娱乐而放弃学习？真的只能二者选其一吗？或许我们该去找一找两全其美的方法了。

站得高才能看得远

我们常常被眼前的一时享乐所蒙蔽，耐不住诱惑，最终耽搁了真正重要的事。这也许能揭示人的劣根性，但指责对解决问题毫无意义，倒不如从现在开始想办法对抗内心的欲望。

20世纪70年代，斯坦福大学的沃尔特·米歇尔教授在斯坦福大学附属幼儿园开展了一项心理学实验。米歇尔教授安排实验人员领着一群小朋友走进一个房间并坐下，并在每位小朋友面前摆放一颗糖果。这时实验人员告诉小朋友，他将离开这个房间15分钟，当他回来的时候会给每位小朋友再发放一颗糖果，前提是他们能忍住眼前糖果的诱惑，不去吃它。说完这番话，实验人员就离开了。

这是一个艰难的选择，每个孩子都渴望吃到糖果，如果没有任何限定条件，他们一定会毫不犹豫地将眼前的糖果吃掉。但是当眼前的糖果和心理学家承诺的两颗糖果相比较时，他们的内心充满了斗争，一边是眼前的利益，一边是更大的未来的利益。选择哪一个取决于理智和情感之间的较量结果。

15分钟之后，心理学家回来了。他发现大多数孩子都没能忍住诱惑——他们吃掉了眼前的糖果，这也是情理之中的事情。很自然地，这部分孩子无法得到第二颗糖果了。另一部分孩子则在艰难地忍耐了15分钟之后迎来了他们的奖励。

这些孩子绝对不会想到，这个看似平常的实验竟然预示着他们的命运。米歇尔教授并没有满足于一次简单的实验，他对这些孩子进行了长达15年的跟踪调查。那些在15分钟之内能够抵制诱惑的孩子，是否能在15年后取得比同辈人更大的成就呢？

15年后的跟踪调查显示，那些当年在15分钟之内忍住糖果诱惑的孩子，在后续的学习过程中普遍成绩较好，抵抗挫折的能力也比同龄人更强。在大学阶段，他们大多能做到为将来的事业牺牲眼前的娱乐，从而获得更多的奖学金和深造机会。在进入社会后，他们也获得了比一般人高出很多的报酬及社会地位。

简单地说，15分钟的忍耐几乎决定了他们一生的成功。

为什么区区一颗糖果可以如此精准地预测一个人的命运和前程？

心理学家的解释是，拒绝诱惑是人类与生俱来的本领。由于人格特质不同，人们对抗诱惑的能力自然也千差万别。斯坦福大学附属幼儿园的糖果实验实际上是对这项能力的测试。通过测试的孩子会把这种能力迁移到以后的生活中。在学习、工作中，他们会比同辈人更有可能抵制诱惑，更有可能做出理智的而非冲动的选择，进而也更有可能走向成功。

但是心理学家的研究也就到此为止了。那些糖果实验中的失败者，即那些没有抵制住诱惑的孩子，能否通过后天的训练，增强自己抵抗诱惑的能力？他们是否也能像通过测试的孩子一样获得更大的成就呢？

日本著名动漫作品《七龙珠》中讲了这样一个故事：宇宙中有一个擅长

战斗的种族，他们被叫作赛亚人。为了确保族群中战斗力最强的基因能够不断被延续下去，赛亚人的婴儿从出生开始就要面对考验。通过考验的孩子会被留在赛亚星球接受高级训练，而那些没有通过考验的孩子则被送往像地球这样的落后星球，任其自生自灭。

鸟山明的龙珠世界自然是虚构出来的，但是这种对人类个体进行甄选的思路却是千百年来一直延续下来的。人们的思路始终是，找出那些最有可能具备成功特质的人，然后看着他们成功。至于那些不具备成功特质的人，就让他们自生自灭吧。

如果上述理论真的成立，那么我们这颗星球上90%以上的人都会自生自灭了。套用一句网络上比较流行的话来说，"这太不科学了"。

与单纯依靠本能生存的细菌不同，人类的行为不仅仅取决于本能，还取决于其情感状态，取决于其如何思考，取决于其采用了哪些策略和技巧。事实上，我所看到的大多数成功都不是某些人格特质单独作用的结果，更多是由技能和策略决定的。

人类比世界上其他任何一个物种都具有更大的可塑性。因此，企图通过某种甄别程序将人群划分为左中右，并武断地认为某一个群体注定是成功者，其他人都要被淘汰的思想不但愚蠢，而且十分危险（想象一下导致希特勒屠杀犹太人的种族优越论吧）。事实上，任何一个群体中都有成功者，也都有失败者。如果你的人格特质和某些成功者刚好符合，这并不能说明你也会成功。相反，如果你发现某个典型的失败者与你的人格特质或者无法改变的某些地方非常相似，也无须恐慌，这并不意味着你会步他的后尘。

关于糖果实验，我更愿意把它看成一种策略和技能的表现。在两千多年前的中国，曾经发生过一个与糖果实验非常相似的故事。这个故事我在前文也曾引用过，那就是田忌赛马的故事。

田忌赛马的故事活脱脱就是糖果实验的翻版。孙膑帮助田忌拒绝了眼前诱惑——赢得第一场分赛，从而获得了更长远的利益——赢得整个比赛。

孙膑为什么能想到这个聪明绝顶的策略，而田忌却没有？

是因为孙膑更聪明吗？是因为他熟读兵法吗？是因为他比田忌的企图心更强吗？这些可能都是原因之一，却不是最重要的。问题的关键在于：孙膑和田忌所在的位置是不一样的，所以他们看到的东西不一样。

2002年夏天，我和同事去辽宁旅游。在途经老龙头的时候，我们看到了诸葛亮留下的文化遗产——八阵图。这个看似普通迷宫的东西据说在三国时期曾经发挥过巨大的作用。当年关羽大意失荆州，并被砍下人头，刘备为了给关羽报仇，发动百万大军进攻东吴。结果被陆逊用火烧连营之计打得大败而归。刘备带着残兵败将躲避着东吴军队的追击，眼看就要被人连锅端，却被诸葛亮的军阵——八阵图救了命。传说当年由陆逊率领的大军进入八阵图后伤亡惨重，陆逊知道自己破不了阵，便打道回府。刘备也侥幸逃生，得以苟延残喘至白帝城向诸葛孔明托孤。

《三国演义》中的这个经典桥段为八阵图增添了许多神秘色彩。也正是因为这样，我才和同样好奇的同事走进了老龙头的八阵图。

这个迷宫在外面看并不大，但是走进去后却发现别有洞天，那些看似离出口方向最近的路常常是死胡同，我们走了足足30分钟仍无法出阵。最后，导游急了，他爬到附近的一个山坡上，用手里的导游旗指挥我们。在导游的指挥下，我们只花了不到5分钟的时间就走出了迷宫。回到旅游大巴上时，我们都好奇地问导游以前是不是玩过这个八阵图。导游无奈地说没有。大家就感觉很奇怪，为什么一个从来没玩过八阵图的人可以指挥我们走出迷宫。这时导游幽幽地说了一句话："因为我站得比你们高啊。"

大家恍然大悟。是啊，迷宫之所以成为迷宫，是因为我们身在其中，只看得到眼前的墙壁和拐角，却看不到迷宫的全局。而站在山坡上的导游却可以不受"身在局中"的限制。他能看到整个迷宫的每条线路，对他来说，解开这个迷宫和解开小时候我们在纸面上做的智力迷宫测试没有什么分别。

高度决定视野，也决定了我们看问题的角度和格局。要想解决一个复杂问题，就要让自己站得高一点，从全局的角度看待整个问题，从而避开眼前的诱惑，找出真正重要的东西。田忌赛马的故事里，田忌未必没有孙膑聪明，只是他太看重眼前的得失，一局比赛也不肯轻易放弃，最终输掉整场比赛。而孙膑则站在更高的位置上，他看到的不是一局一时的得失，而是整场比赛的得失。也正是因为从整体着眼，他才敢于放弃第一局的比赛，并利用后两局的胜利扭转比赛的结果。

学会对诱惑说"不"

在我们为学习所做的所有事情之中，只有20%左右会对我们的学习产生决定性的影响，剩下80%则没有那么重要。把握好这20%，才是真正在做有用功。

说到比赛，我个人最喜欢观看的并不是赛马，而是拳击。同样是竞技运动，拳击的节奏更快，戏剧性更强，还能帮助现代社会的文明人宣泄遗传自祖先基因的原始冲动。曾经有一段时间，我每个周日都忠实地守候中央五套的拳击节目，观看世界级的拳王们在方寸之间斗智斗勇。

拳击比赛的最大魅力在于，不看到最后一刻，你永远无法知道结果。我很欣赏这样的比赛，铃声刚一敲响，我们便看到一方的拳手旋风一般扑到对方眼前，直拳、勾拳、摆拳雨点般倾泻而下，打得对方只有招架之功，没有还手之力。直到铃声再次敲响，挨打的拳手才可以回到自己的角落喘息一下。第二局开始还是如此，第三局还是如此。一直打到第七局，当你已经快要打起哈欠，认为比赛毫无悬念的时候，那名一直隐忍不发的拳手突然爆发，将之前一直凶狠进攻的拳手打了个趔趄；当你还在错愕的时候，一阵疾风暴雨般的攻击已经把先前威风八面的拳手逼到了死角，一组又一组的重拳狠狠地砸在他的脸上，直到对方那一直高举着的双臂也无力地低垂下来。最终，整场比赛一直领先的那名凶狠的拳手顺着边绳慢慢滑下来，他被技术性击倒了。此时裁判也急匆匆地跑过来，在翻看了被击倒拳手的眼底后交叉双臂终止了比赛。那个你认为必输无疑的拳手竟然大获全胜。

这样的场面实在太不可思议了，那名后来居上的拳手是怎么做到的？

一个聪明的拳手应该懂得，整场拳击比赛双方要挥出几千次拳头，其中90%的挥拳都对比赛的结果没有太重要的意义，整场比赛真正有威胁性的就是那区区数记重拳。不同的地方在于，这些重拳是落在自己身上，还是落在对手身上。如果对方的重拳击中了自己，即便之前自己表现得再好也在劫难逃。反之，要是能躲过对手的几次关键性重拳，并抓住机会用重拳连环反击，胜利就在眼前。

同样的道理并不只有拳击手懂得，意大利经济学家帕累托也发现了类似的现象。帕累托发现，世界上的任何一种事物，都是由少数重要的部分和大多数不重要的部分所组成的。比如，人的头部只占全身重量的20%左右，但发挥的作用却是80%；一个公司里的关键人物只占员工总数的20%，但他们对公司利润的贡献却超过80%；一支军队的领导者只占总人数的20%，但80%的战斗结果却要由他们来决定；世界上的富人只占总人口的20%，但他们掌握的财富却超过80%……

由于帕累托在阐述这一法则的过程中反复使用20%和80%这两个数字，于是人们便把这一法则称为"二八法则"。

学习作为人类众多活动中的一种，也要受到帕累托法则的制约。在我们为学习所做的所有事情之中，只有20%左右会对我们的学习产生决定性影响，剩下80%则没有那么重要。对于学习来说，真正关键的事情也就是那么几件。把这些关键的事做好了，成绩自然不会太差。关键的事情做砸了，其他事情做得再好也无济于事。

经过长期研究，我发现那些成绩好的学生常常会做一件成绩不好的学生从来不做的事情。你想知道这件事是什么吗？

被我们当作"天才"的学习高手们往往并不是聪明绝顶的人。这些孩子的智商大多处在平均水平。偶尔，他们也会问出一些在老师们看来比较白痴的问题。那些比较高难的题，"天才"们也并不总是班级里第一个做出来的。从创造性解决问题的能力，以及随机应变的反应能力看，"天才"们的水平最多只能算中等偏上。导致他们稳居上游的关键绝不在于智商，而在于他们平时学习的习惯。

大家可以回忆一下，每天老师喊出"下课"的那一刻，大多数学生都会做什么？

他们会像离弦之箭一样跑到教室外面。大家着急跑出去的原因各不相同，有人是因为要上厕所，有人是因为要去小卖部买东西，有人是因为有其他班级的同学在外面等候……但是"天才"们常常并不急于出门。他们会在第一时间浏览自己刚刚学过的内容，或者把正要出门的老师拦下来，请教几个上课时没有听懂的问题。单纯的课程内容浏览并不需要花费多少时间。平均来看也只有一分钟左右。做完这件事情后，"天才"们会和其他同学一样，走到教室外面，上厕所、聊天、打闹。

我相信，很少有人能够注意到"天才"们的这个习惯，甚至"天才"们自己也不会觉得他们和其他人有什么差别。单从每一节课来看，"天才"们并没有和其他人拉开多少差距。一分钟内发生的事情微不足道。不过如果这种行为成为习惯，天长日久地积累下来，其结果就让人无法忽视了。

那些在课后第一时间浏览笔记和教材的学生，在自习课和回家学习时常常也会有一些迥然不同的表现。我研究过很多成绩优异的被大家看作"天才"的学生。他们都有一个共同特点：一旦这些孩子可以自由支配时间，他们总会把最重要的学习任务放在第一时间去做。在没有完成这些最重要的学习任务之前，他们绝不会做其他事。而大多数学生都会在第一时间选择做一些与最重要的学习任务无关的事情，甚至是和学习无关的事情。至于那些最重要的、最艰巨且最令人头疼的学习任务，会被他们无限期地推诿到将来去做。而那个美好的"将来"，常常永远不会到来。

表面上看，将重要的事情放在第一时间去做，和放在最后去做好像没有太大差别，但实际上这两种选择带来的结果是完全不一样的。

如果你在第一时间选择率性而为，在电视机前消耗时光，在互联网上尽情地欢畅，在漫画书里寻找梦幻，在游戏机前实现梦想，在手机上和戴着盔甲的猪头疯狂作战，你可能暂时会觉得很快乐，但这份快乐绝不会维持很久。尽管每次选择"放松一下"的时候，你总会安慰自己说，这不会花费多少时间，但是欢乐的时光总是过得飞快，当你发觉自己已经休息得差不多的时候，你已经浪费了过多的时间，留给做正经事的时间已经寥寥无几了。当时钟的指针告诉你该睡觉时，你会发现你还有太多书没有看、有太多题没有做、有太多该做的事没有完成。第二天晚上回到家里，你又会在第一时间欺骗自己：先放松一下吧，这不会花费多少时间。于是昨天的一切再度上演……

很多家长宁可花费高昂的学费也要给孩子请一对一的家教或者把孩子送进补习班的一个最主要的理由就是，他们的孩子不会自主安排学习时间。如果让他们选择自己安排学习时间，他们会把绝大部分时间都浪费掉。

这的确是一个非常严重而且非常普遍的问题。

这个问题是如何形成的呢？为什么大多数学生总是优先选择娱乐自己，并做一些不太重要的事情，而不是把那些最重要的事情放在前面去做呢？

从心理学角度看，重要的事情往往是会给人带来压力的活动，比如，学习、写作业、准备考试；而不重要的事情却很少给人带来压力，比如，看电视、玩游戏、网上聊天等等。

我们常常说人类天性懒惰。这话不完全对，当我们从事自己最喜欢的娱乐活动时，再懒惰的人也会表现得很"勤劳"，乐此不疲，因为此时我们没有压力。然而，一旦这项我们最喜欢的活动变成了一场残酷的竞赛，比如，参加奖金丰厚的羽毛球比赛、游泳比赛、电子竞技比赛，我们便会感觉到无形的压力，转瞬之间"追逐"变成了"逃避"。

人的天性总是逃避压力，选择做轻松的事。所有能够给我们带来压力的事情，都会让我们本能地选择逃避。而那些没有压力的，或者能够减轻压力的事情，我们都会发自内心地、心甘情愿地去做。这种情感和行为倾向与植物的向光性没有什么本质上的不同。

这种倾向深埋于人的潜意识之中，它并不会以语言和文字的形式出现在我们的意识层面。一个不想写作业的孩子，从不会直截了当地说自己不想完成作业。他会说先休息一会儿，或者看一会儿杂志就去写作业。就像那些无限期拖欠债务的赌徒一样，当这个孩子完成了眼下的事情后，他又会立刻想到其他借口。借口是无穷的，关于学习的承诺永远不会兑现。

看来，我们放弃做重要的事情，选择优先做那些不重要的事情，是有潜意识和本能在背后支撑的。这样的结论很容易让那些意志薄弱的人为自己的行为找到借口。不过，如果我们认真想一想的话，会发现人类之所以伟大，正是因为人类可以凭借后天的意志和主观的努力去改变本能给我们带来的消极影响。如果我们一味地屈从自己的本能，那和动物还有什么区别？

即使是面对很小的抉择，你可以选择屈从压力和诱惑，把最宝贵的时间都浪费在那些无关紧要的事情上；也可以选择拒绝诱惑，承担压力，把最宝贵的时间都用在最重要的学习任务上。每一天，你都会做出许多次这样的选择，而每一次选择都在改写你的未来。

要事第一

· ·

　　如果你认定一件事情很重要，一定要立刻去做。起步越早，我们在将来受益越多。

· ·

　　拒绝诱惑并不容易做到，而且并不是在所有情况下拒绝诱惑都能得到"双倍的糖果"。只有在少数关键的问题上拒绝诱惑才能得到丰厚的回报。这需要我们做出判断，哪些事情是真正重要的?

　　方法非常简单。我把这种方法称为"缺席检验法"。判断一个人重不重要，只要看看这个人缺席的情况下会发生什么就知道了。判断一件事是否重要也是一样。我们只要设想一下如果不做这件事会有什么后果，就可以判断出这件事是否真的很重要了。如果后果很严重，那就说明这件事很重要，如果没什么严重后果，那就说明它不重要。

　　区分重要和不重要并不像看上去那么简单，很多时候我们都会错把"紧急"当成"重要"。

比如，手机来电常常是比较紧急的，如果你超过十秒钟不接，对方便很可能会把电话挂掉。但是如果你仔细回忆一下，会发现这些来电中绝大部分都是不重要的。即便你不接这些电话，也不会耽误太多事情。同桌凑过来和你说话也是很紧急的，如果你不在第一时间搭腔，会明显感受到来自人际方面的压力，但它们并不重要。很多时候，由于和同桌聊天，你会错过非常关键的教学内容。

你想过紧急和重要有什么本质上的区别吗？仔细回忆一下生活中的点点滴滴，你可能会发现，紧急的事情，大都是在外力作用下促成的，它们大都是对别人来说很有意义的事情。假设有人敲你的房门，对他来说，这件事肯定是有意义的，他甚至已经想好了开门后对你说什么。而你却对接下来要发生的一切一无所知。你去开门并不是因为你觉得这件事很重要，大多数人去开门只是出于条件反射。

重要的事情，则是对你来说很有意义的事情。如果一件事对你足够重要，除了你自己，很少会有外人为你完成它设定截止时间。因此，重要的事常常并不紧急。表面上看起来，即便你永远不做这些事，也没关系——因为没有人会催促你。但是这些事情的长远影响最终一定会以各种方式表现出来。我们后悔的时候，常常为时已晚。

在学生时代，最宝贵的资源就是时间。其他资源都是可替代的，只有时间不可以。同样一件事情，早一些做和晚一些做，结果是完全不一样的。对于那些重要的事情来说，就更是如此。

背英文单词很重要吧？如果我们在高一刚开学的时候就培养每天背诵十个英文单词的习惯的话，坚持三年，我们的词汇量将超过一万。不要说通过高考，就是应对大学英语四六级考试都够用了。但是如果明天就要高考，即便我们把今天的全部时间都用来背英语单词，也不会对我们的词汇量产生重大影响。

如果你认定一件事情很重要，一定要立刻去做。起步越早，我们在将来受益越多。

分辨出事情的重要性后，还要有个优先顺序，不要幻想把所有的事情一次性做完。

在企业管理界，流传着这样一个故事：一位琐事缠身的老板感觉自己的工作效率太低，一整天也做不了多少事，便向管理专家请教秘诀。管理专家撕下一张便笺纸，在上面写了寥寥数语，并交给老板。管理专家信心满满，如果自己提供的解决方案无法帮到老板，他分文不取。但是如果这个方案帮助老板减轻了工作负担，并提高了工作效率，他希望得到公司年利润的1%作为回报。老板爽快地答应了。

过了六个月，管理专家收到了来自老板的支票，金额是五万美元。随支票一起送到的还有一封信。在信中老板表达了自己的感激之情，并详细讲述了自己使用专家方法的经过。

看到这里，你一定会很好奇，那位管理专家究竟在纸条上写了什么神奇的文字，竟然价值五万美元？实际上纸条上的内容非常简单："每一天早上，找出对你来说最重要的六件事，把它们按重要性排好顺序，做完它们，然后休息。"

避免被不重要的琐事浪费时间的唯一方法，就是把重要的事情放在前面。那位管理专家写下的寥寥数语道出了一切时间管理方法的核心。因此，那张纸条上的话，我也想让你记住并身体力行。

我建议你随身携带一个小本子。每一天你都要找出对你最重要的六件事，并按照重要性给它们排一下顺序，写在本子上。如果你实在找不出来，也可以适当减少任务的项目，没有必要非凑齐六项不可。但是尽量不要让记下来的事情超过六件。要知道，在一天之中，可以由你自己支配的时间毕竟是有限的。认为每件事都重要，和认为每件事都不重要没有分别。每完成一件事，你就在相应的项目上画上一道，表示自己已经做过了。六个项目都做完了，你就可以随心所欲地支配剩下的时间了。

在时间管理中，很重要的一点是要给自己留出休息和娱乐的时间。当然，进行休息和娱乐的前提是你已经做完了你该做的事。学习真正变成苦差事是从它填满学生的每一分钟开始的。适当的休息和娱乐会凸显前面学习过程的价值。

更何况，从记忆形成的过程来讲，有相当数量的遗忘是由于信息之间发生前摄干扰和倒摄干扰造成的。正因为如此，我们才会对记忆的开始部分和结束部分形成更深刻的印象。学习的时间越长，前摄干扰和倒摄干扰发生的概率越大，记忆的效率也自然更低下。聪明的学习者往往不会一口气学到底，而是把学习的过程分成若干小段。当娱乐成为学习间隔期的调剂时，它不但不会降低学习效率，反而会成为学习效率的推进剂。

毫不夸张地说，一个不懂得如何玩的学生也不太可能懂得如何高效率地学习。娱乐本身没有错，错的是过度娱乐，主次不分。把握其中的尺度是一门艺术。只有恰如其分地掌握娱乐尺度的人，才能以其他人无法企及的速度前进。

想养成"要事第一"的习惯，最困难的是学会拒绝诱惑，这不仅要求我们拒绝自身的享乐欲望，还要求我们拒绝外界的引诱。

在很多人看来，再吸引人的课程也比不上平板电脑里的好莱坞大片过瘾，再有趣的教材也比不上手机里的电子书有趣，再有挑战性的作业也没有电子游戏扣人心弦。如果你把快乐理解成单纯的感官享受，那么学习将很难成为快乐的源泉。

追求快乐没有错，但我们不应该毫无原则地单纯追求快乐。哈佛大学排名第一的课程——快乐心理学曾经提到，真正的幸福等于快乐加上意义。没有意义的快乐是难以持久的。当看烦了好莱坞大片、看厌了手机里的电子书、玩腻了电脑和游戏机中的游戏时，你会觉得怅然若失。这种空虚和毫无意义的失落感会徘徊在你的心中，经久不散。

如果你在前面的文字中找到了自己的影子，那么你可以考虑是不是该换一种活法了。

每当想学习的时候，你内心深处都会有两个不同的声音同时说话。一个声音劝你放弃学习，它会以各种理由和借口让你逃避压力，转而去做那些不重要的事情。而另一个声音则劝你坚持原则，优先去做那些重要的事。

两种思想的第一次交锋尤为关键，胜负常常只在一念之间。如果你第一次就对自己内心深处软弱的一面妥协，放纵自己优先去做那些无关痛痒的事情，下一次你就会做出更大的妥协。用不了多久，你便又会回到老样子——在肤浅的娱乐中放纵自己，之前的一切努力将付诸东流。

相反，只要你能在内心交锋的第一个回合赢下来，把"要事第一"变为一种习惯的可能性就会大大增加。因为第二次交锋时，你遇到的阻力会比第一次小很多。第三次，你遇到的阻力会变得更小。第四次，第五次……用不了多久，你就会发现那个诱惑你做无关痛痒之事的声音已经小到可以忽略不计了，你可以很自然地进入学习状态了。

拒绝诱惑就像接种病毒疫苗一样——那些无法打垮我们的，将会让我们更坚强。

拒绝诱惑，在本质上是对自己说"不"。除此以外，还要学会对别人说"不"，尤其是对自己的朋友说"不"。

粗看起来，这件事并不困难，但事实并非如此。很多孩子可以毫不犹豫地对老师说"不"、对父母说"不"，却很少会对自己的朋友说"不"。他们的归属感并不来自父母和老师的认同，而是来自朋友的认同。很多情况下，不是父母和老师的评价，而是朋友的评价让他感觉到自己是一个什么样的人。

正因为朋友如此重要，拒绝朋友的提议、向朋友说"不"，才会成为一件很难的事。但要知道每个人都有安排自己时间的方式。朋友们之所以能够常常在一起，往往是一部分人在时间安排上做出妥协的结果。如果你往往是妥协的一方，渐渐地，在安排活动时，你的需要和时间安排常常就会被忽略，因为在大家看来，无论他们提议做什么，你总会参加。

如果你希望得到朋友们的尊重，首先要学会尊重自己，要学会确立自己的原则。"要事第一"就是你的原则。如果你没有完成今天必须完成的那六件事，那么任何来自朋友的活动提议都应该被否决。

不要担心这样做会失去友谊。如果你的朋友真的尊重你，值得交往，他应该理解你的选择，并大方地说"等下次你时间方便的时候再聚吧"。如果他不能给予你足够的理解和尊重，对你的拒绝表示愤怒，甚至声称与你绝交，那只能说明一件事，这个人并不适合做你的朋友，这段友谊的终结对你来说也许是好事。

综观人类历史，所有伟大的人物都有一个共同的特点，他们都非常善于利用时间。他们都懂得"要事第一"的道理，并毫不妥协地坚持这个原则。因此，人们常说，见大人物一面如何如何地难。这并不是大人物在摆谱，而是每一天他们都会把重要的事情放在第一时间去做，那些不太重要的事情只能在重要的事情做完之后才会予以考虑。当真正走向社会的时候，你常常会发现，如果一个人能轻易被你约到，说明这个人并不重要。反过来思考，你应该明白如何才能成为受人尊重的、重要的人。

大人物们也是从学生时代过来的，他们的思考和行为习惯绝不是在踏入社会后才养成的。早在学生时代，他们就养成了"要事第一"的习惯。不管你是希望迅速提高眼下的成绩，还是希望在将来成为了不起的大人物，都要牢牢坚持"要事第一"的习惯。这是你取得一切成就的前提。

"要事第一"法强调的是顺序，而非做与不做。那些无关痛痒的事情并不是不可以做。电视可以看，游戏可以打，微信可以聊，但前提是，你把这一天中最重要的事情都做完了。只要你能做到这一点，其他时间任由你来支配，想做什么都可以。不过如果你没有及时完成那些最重要的事情，就决不能向懒惰和诱惑妥协。把该做的事情全部做完再谈其他吧。

第七章

向目标迈进

我们或许订立过目标，却因为现实的打击而最终舍弃了它。那如果目标能有效促进学习，而且一定能够实现，你会再一次试着向目标迈进吗？

你为何不设定目标

设定目标非常重要，但往往有人对其避之不及，他们要么是有着消极的自我观念，要么是在目标实现的过程中遭遇了失败和挫折，进而否定目标本身存在的意义。

1952年7月4日早晨，整个加利福尼亚的海岸都被笼罩在浓雾之中。在离加州海岸21英里的卡塔琳娜岛上，一位34岁的妇女跳入了冰冷的太平洋。她正试图完成一项十分伟大的尝试。如果成功，她将成为人类历史上第一位横渡加州海岸的女性。此时此刻，有数千万人在电视机前关注着她的壮举。时间一分一秒地过去，这位名叫弗罗伦斯·查德威克的女性冒险者忍受着刺骨的海水，游过了危险的鲨鱼带，一路向前。

15个小时过去了，就在人们都认为她已经创造了历史，并打算庆贺时，查德威克却选择了放弃，爬上了护送她的船只。让查德威克极为沮丧的是，她离目的地只有区区半英里。只要她再坚持一下，就完全可以通过这条海峡。事后，查德威克遗憾地对记者说，虽然当时她已经非常疲惫，而且还要忍受刺骨的海水，但这些都不是她放弃的原因。真正让她选择放弃的是，阻隔在她与半英里之遥的目的地之间的浓雾。正是浓雾让她一直看不到目标，也得不到任何反馈，绝望中她只好放弃。

目标对于人类的意义就像汽油对于汽车。离开了汽油，汽车将寸步难行；离开了目标，人类也同样会失去动力。拥有伟大目标的人未必都能取得伟大的成就，但能够取得伟大成就的人无一例外地曾树立伟大的目标。

秦始皇当年巡游天下的时候，很多人都曾经围观过那声势浩大的车队。大多数人都在为秦始皇的威势啧啧称奇，然而有两个年轻人却与众不同。第一个年轻人说："你的位置老子也要坐一坐！"（原文为："彼可取而代也。"）第二个年轻人说："哎呀，纯爷们儿就应该这样啊！"（原文为："嗟乎，大丈夫当如此也！"）

两个人虽然措辞不同，但表达的意思却是差不多的。这些不经意间确立起来的目标直接决定了两个人后来的命运。第一个年轻人后来做了无限风光的西楚霸王。而第二个年轻人则踩在第一个年轻人的肩膀上，建立起一个疆域辽阔的超级帝国——汉王朝。

两千多年后，曾经强大的中华帝国被西方列强踩在脚下。此时，又有两位年轻人针对时局立下人生的志向，第一位喊出"指点江山，粪土当年万户侯"的豪言壮语，第二位则说出"为中华之崛起而读书"的不朽名言。与刘邦和项羽相似，这两位年轻人的命运也从确立人生目标的那一刻起开始改变。第一位年轻人后来成为新中国的缔造者和第一任国家主席。而第二位年轻人则成了开国第一任，同时也是万民敬仰的国务院总理。

很难想象，如果这些曾经影响甚至是缔造了历史的伟人从来没有确立过伟大的目标，他们的人生轨迹会是怎样的，历史又将如何发展。

一个人确立的目标和他所取得的成就是成正比的。对学生来说，他确立的目标和成绩也是成正比的。同样一个孩子，将目标定位在班级前5名获取的进步，要远超过定位在班级前20名。也许这听上去有点不可思议，但其内在的逻辑是非常简单的：不一样的目标会产生不一样的动力，不一样的动力将导致不一样的行动，不一样的行动会导致不一样的结果。

更具体一点说，当一个将目标定位在前20名的孩子真的考到了第19名时，他会因为目标业已实现而失去动力，除非他重新调整目标，否则他很有可能因为松懈而遭遇成绩上的退步。而将目标定位在前5名的孩子如果考到了第19名，他绝不会停下脚步，而会继续努力，因为他知道自己距离目标还有一段距离。

即便最终你无法实现自己设定的目标，你也能获得与目标相近的成就。而这些成就很可能是你在没有设定目标之前无法想象的。《书论》中有一句很精辟的话："取法其上，得其中也；取法其中，得其下也；取法其下，不是道也。"这就是说，如果你把目标设定在北大、清华，那么即便不成功，你也很有可能考取吉林大学、华东理工、哈工大一类的重点院校。但是如果把目标设定得过低，甚至压根儿没有设定目标，那你就只能随波逐流了。

我们之所以如此浓墨重彩地强调目标的作用，是因为它本身就是成功的一部分。

成功是什么？《现代汉语词典》第6版给出的解释是"获得预期的结果"。如果你连目标和起码的预期都没有，也就无法确定自己是否取得了成功。

对于学习者而言，目标就是被黑暗笼罩的大海中的灯塔，就是漫长赛道横在终点线前的那根飘带，就是高速公路入口处那块醒目的指示牌。从物理学的角度讲，目标就是参照物。只有比对参照物，我们才能知道自己是前进、后退，还是静止不动。离开了目标，我们将无法衡量自己的状态。

尽管设定目标如此重要，却很少有人为自己设定清晰的目标。正在读这本书的你可以扪心自问：你有真正属于自己的目标吗？你能在一分钟内用语言清晰地描述它吗？你能在一分钟之内把它写下来吗？如果你做不到，就可以认定你并没有为自己设定过清晰的目标。

如果事实真的如此，你也不必沮丧。把同样的问题提给你的同学，你会发现，他们中的大多数人也和你一样茫然，大多数人都没有明确的目标。也正因为如此，一旦你能确立起明确的目标，你就会拥有超越其他人的优势。

那些没有设定目标的人（可能包括你在内）为什么不去设定目标？是因为他们不知道设定目标的重要性吗？

未必。从小到大，从老师到家长，应该都强调过设定目标的重要。可为什么大家在了解了目标的重要性后还是停在原地不动呢？这里面最可能的原因有两个。在继续阅读下面的文字前，你也可以好好想一下，自己不设定目标的可能原因是什么。

阻碍我们设定目标的第一个原因是消极的自我观念。

仅仅写下目标并没有任何意义，除非你相信自己能够实现它。一个缺少足够自信的人很少会去主动设定目标。这倒不是因为设定目标本身有多么困难，而是他根本不相信自己有实现目标的能力，因此设定目标在他看来是没有任何意义的。即便他在外力的逼迫下勉强写下一些目标，这些目标也不会发挥任何作用。对于一个不相信目标能够实现的人来说，设定目标就等于在向自己撒谎。这样去设定目标只能让人们对自己更加灰心、更加失望，它根本不会激发出人们的动力。

关于如何改变一个人的自我观念，我们在前面已经非常详细地讲过，这里不再赘述。如果你不愿意设定目标是由于这个原因，请一定先纠正错误的自我观念，并建立正确的自我观念。离开这个大前提，设定目标是没有意义的。这也是我把"自我观念"放在"目标设定"之前的原因。

第二个可能的原因是，有些人曾经在目标的实现过程中遭遇过失败和挫折。

不同的人对失败的容忍程度是不一样的。有些人可能历经上千次失败也不会回头，比如发明电灯的爱迪生。有些人可能只经历一次失败就不再尝试。设定目标的价值是巨大的，但它并不会自动实现。设定了目标却没有实现也是常有的事。可是就像我们前面所说的一样，即便目标无法实现，设定目标还是会给我们带来远超过不设定目标的好处。然而，当一个人连续数次设定目标，却没有一次达成的时候，他就会怀疑自己是否具有实现目标的能力，进而怀疑设定目标这一行为本身是否具有意义。

失败者总会为自己寻找借口。把责任推到目标设定上，总比推到自己身上要好。所以，连续的失败很容易让人们彻底放弃目标设定这一习惯。

拥有伟大目标的人未必都能取得伟大的成就，但能够取得伟大成就的人无一例外地都树立过伟大的目标。设定目标看似简单，但真正做到的却寥寥无几。有些人并不相信自己有进步空间，目标的设定对于他们更像一个自我欺骗的谎言；有些人则因为总是达不到目标而产生挫败感，进而认为设定目标是毫无意义的。以上两种情况都有相应的对策来改变，在此之前，请坚信设定目标是一定会起作用的。

从小处着手

为什么我们在设定目标后还会遭遇失败？这个问题的答案可能因人而异。不过，究其根本，失败的原因无非两个方面，要么是目标本身设定得不合理，要么是实现目标的方法不对或者根本没有付出足够的努力。

设定目标是一门学问，我们要牢牢记住的第一件事是，要根据自己的实际情况设定合理的目标。"过犹不及"的古训值得每一个人铭记。

我们必须明白，目标越高，失败的风险也就越大。当我们设定的目标远远超过个人能力时，失败就是注定的结果。

设定什么样的目标，完全可以由我们一手掌控。只要目标设定合理，我们几乎肯定能够获得成功。一次成功，哪怕是最微不足道的成功，也会帮助我们树立信心，形成积极的自我观念。而这种自信和积极的自我观念又会引领我们走向更大的成功。

因此，在设定学习目标时，我们一定要量力而行，不要贪多求大。即便每次只前进一点点，积累下来也是不小的收获。

当然，相反的情况也存在。目标设定得过低也是一种失败，因为过低的目标毫无挑战性可言，因此也不可能激发出足够的动力。这就好像说，你把每天都能吃饭睡觉当成目标的话，你一定能实现目标，不过这样的成功对你来说有什么意义呢？合理的目标必须基于现实又高于现实，它既不会让你伸手就够到，也不会让你无论怎么跳都够不到。

在1984年东京国际马拉松邀请赛中，日本选手山田本一夺得了世界冠军。此前山田本一是个名不见经传的运动员，所以他的夺冠十分出人意料。很自然地，记者们纷纷询问他为什么能够取得如此惊人的成绩，略有些木讷的山田本一只幽幽地说了一句："我凭智慧取胜。"

众所周知，体育比赛不是象棋、围棋比赛，它靠的主要是身体上的实力。像马拉松这种高度依赖体力和耐力的运动，貌似和智慧没有什么关系，所以当时人们都认为山田本一在故弄玄虚。

1986年，也就是上一次比赛两年后，山田本一参加了由意大利组织的国际马拉松邀请赛。出人意料的是，他又获得了冠军。当激动不已的记者们询问山田本一获胜的原因时，他再次回答："我凭智慧取胜。"这一次，不再有人认为山田本一在故弄玄虚了，但是人们对他的回答依然感到迷惑不解。

十年后，山田本一出版了自己的传记。这个困扰了人们长达十年之久的谜底终于被揭开了。他在自传中讲道："每次比赛之前，我都要乘车把比赛的线路仔细地看一遍，并把沿途比较醒目的标志画下来，比如第一个标志是银行，第二个标志是一棵大树，第三个标志是一座红房子，这样一直画到赛程的终点。比赛开始后，我就以百米赛跑的速度奋力地向第一个目标冲去，等到达第一个目标，我又以同样的速度向第二个目标冲去。四十几公里的赛程，就被我分解成这么几个小目标轻松地跑完了。起初，我并不懂这样的道理，我把我的目标定在四十几公里处的终点线上，结果我跑到十几公里时就疲惫不堪了，我被前面那段遥远的路给吓倒了。"

山田本一的智慧的确与众不同。把一个宏观的大目标分解成若干个小目标，乍看起来并没有带来太多变化，但为什么从结果上看却会有这么大的差异呢？

答案是人的心理压力。不同的目标给人带来的心理压力不同，从而人们在实现目标的过程中能够发挥出来的水平和能力也不同。以读书为例。如果我让你去读一部1000页篇幅的书，你有信心把它读完吗？请在脑海中认真想象一下这本书的厚度，然后再回答我的问题。我猜你的答案很有可能是"没有"。

现在让我们对这部书做一下改动。我们把它拆分成十册书，这样每一册书应该只有100页左右。如果我把第一册书交给你，你有信心把它读完吗？回答这个问题之前请你在脑海中想象一下100页书的样子。我相信你的答案应该是肯定的。那么如果我再给你一册100页篇幅的书，你有信心把它读完吗？我相信答案还是肯定的。这样继续读下去，当你读完第十册书的时候，你应该不会觉得很累，但是1000页篇幅的目标已经轻松达到了。

这个例子并不是我的凭空假想。很多大部头著作为了促进销量，都被拆分成若干小册子。最典型的例子是柏杨先生的大作《白话版资治通鉴》。这部巨著共900万字，全书总页数超过14000页，如果把它们合成一本出版的话，大概相当于20本《新华字典》的厚度。这么大篇幅的书，不要说买，就是免费白送能不能拿得动都是一个问题。为了让更多读者能够享受到阅读历史的乐趣，出版社把这部巨著分割成72本小册子。每本小册子的篇幅都控制在200页左右，结果该书第一册首版在中国大陆的销量就达到了16万册。

在设定学习目标时，要从大处着眼，从小处着手。罗马不是一天建成的，再宏伟的目标也要从当下做起。不积跬步，无以至千里；不积小流，无以成江海。长期目标必须有短期目标作支撑才有更多实现的可能。

目标不是愿望

目标与愿望最大的区别是，愿望可以是模糊的，而目标则必须清晰。目标的清晰程度与它实现的可能性成正比。

据说哈佛大学曾经对年轻人做过一项调查，看他们对未来的人生是否拥有清晰的目标。结果发现，有90%的年轻人压根儿没有任何目标，另有6%的人拥有目标却并不清晰，只有4%的人拥有明确清晰的目标。数年后，当调查人员对这些人进行回访时发现，大部分人都碌碌无为，只有不到4%的人获得了远超过一般人的成就。他们拥有的财富，超过了另外96%的人所拥有的财富总和。而这不到4%的人，正是当年确立了清晰目标的人。

我们没有必要去研究那4%的成功者。关于目标设定与成功之间的关系，我们在前面已经探讨了。我们也没有必要去研究那90%的碌碌之辈，他们的不成功丝毫不令人意外。值得关注的是确立了目标却没有成功的6%。如果前者是因为没有设定目标而碌碌无为，那后者为什么确立了目标也无法逃避平庸的境遇？

　　仔细对比4%的成功者与6%的失败者，你会发现二者之间最大的差异是目标的清晰度。眼镜如果模糊了，我们会看不清前方的路。目标模糊了也是一样的。很多人在设定目标的时候都会犯一个错误——错把愿望当作目标。

　　过生日、看到流星或者欢度新年的时候，我们常常会对自己许下愿望。仔细回忆一下，你会惊奇地发现，那些被添加进愿望列表的内容，大都没有实现。

　　说到愿望，让我想起一部童话，故事的主人公是一个叫作阿拉丁的男孩。他在很偶然的情况下遇到了传说中的灯神。这位法力无边的神仙可以实现任何人的愿望，但每个人只能许三个愿望。阿拉丁的第一个愿望是办一桌酒席，灯神立刻实现了他的愿望。阿拉丁的第二个愿望是变出一座城堡，灯神也帮他实现了。阿拉丁带着城堡里的财富向国王的女儿求婚，国王把公主嫁给了他。后来，邪恶的法师向灯神许愿，要求灯神把城堡和公主移动到非洲去，灯神也立即照办。国王发现公主不见了，大发雷霆，要求阿拉丁找回公主。阿拉丁在灯神的帮助下，历经千难万险终于和公主回到了自己的家乡。

　　看过故事后，很多人都会羡慕阿拉丁的好运气。我们都希望自己也能遇到传说中的灯神。当然，你我都知道这只是一个童话故事，世界上并没有什么灯神，我们永远也遇不到他。不过，即便灯神真的存在，阿拉丁的愿望能否实现也是一个问题。仔细回顾这个故事，你会发现阿拉丁提出的愿望全部是非常模糊的，它们非常不具体。比如阿拉丁的第一个愿望——办一桌酒席，这个概念太模糊了。怎样才算一桌酒席？这桌酒席应该准备几道菜，什么菜？几瓶酒，什么酒？主食吃什么，有没有配菜和甜点？酒席的风格应该是怎样的？需要达到多高的价位？

　　以上所有这些细节阿拉丁都没有做出说明，而灯神竟然立刻办到了，且让阿拉丁很满意，这实在是太不可思议了。试想一下，如果你进入一家饭店，只说你想办一桌酒席，其他一概不谈，老板会不会立刻给你准备一桌让你满意的酒席？

后面的愿望也无一例外地模糊无比，完全不具备可操作性，而灯神竟然也一一办到。看来，这真的是个童话。因为只有在童话世界里，那些不可能的事情才能实现。从这个角度讲，我们在新年、生日和遇到流星时许下的愿望也是童话，因为它们也和阿拉丁的愿望一样模糊，所以我们也只能在梦中将它们实现了。

目标与愿望最大的区别是，愿望可以是模糊的，而目标则必须清晰。一个目标的清晰程度与它实现的可能性成正比。

所以，从今以后不要再说"我想好好学习""我想学好数学""我想得高分"之类的话。因为这些只是空洞的愿望，除非你真的能遇到灯神，否则它们永远不会被实现。

既然模糊的愿望难以实现，那么，我们怎样才能将愿望变成目标呢？

接下来，我会教给你一种方法。运用这种方法，你可以在五分钟之内将空洞的愿望变成具体的目标。

会使用数字吗？只要你能将数字添加到愿望中，就能把模糊的愿望变成具体的目标。我把这种方法叫作数字化。

如果你的愿望是"我想得高分"。怎样将它变成具体的目标呢？很简单，将它数字化就可以了。你可以说"我想达到560分"。虽然看上去二者的差别仅仅是多了一个数字，但是后者却具备了前者不具备的关键特征——可衡量性。比如下一次考试，你得了540分。如果用愿望来衡量的话，你根本无法分辨你究竟是得到了高分还是没有。但是如果用目标来衡量，你将很容易判断出自己没有实现目标。更重要的是，你还知道自己距离目标有多远。

将愿望变成目标不是单靠添加数字就可以实现的，你还需要第二种方法——"细节化"的帮助。

什么叫作细节化呢？简单地讲，就是你要把一个笼统的大目标不断分解、量化，最终变成一系列可以立刻着手去做，并马上能够衡量成败的小目标。

还是以前面的总分目标为例。你的大目标是"在下次考试中得到560分"。接下来我们要对这个目标做进一步的分析，560分是个什么概念？它是几个科目的总分？想达到560分，语文需要达到多少分，数学需要达到多少分，外语需要达到多少分，物理需要达到多少分？……起码我们要把目标细化到每一个具体的学科才行。这样我们才能知道自己目前每一科的成绩距离目标还差多少分。

但是仅仅做到这一点还不够。我们还要把目标进一步细节化。比如，我上次的数学成绩是80分，我希望下次考试达到100分（满分为150分）。目标和现实的差距是20分。这20分又要在哪里获得？高中数学的题型共有三类，分别是选择、填空和解答题。接下来我们要做的就是把这20分合理地分配到各个题型当中。假如我上次考试中选择题得了40分（被扣掉20分），填空题得了10分（被扣掉10分），解答题得了30分（被扣掉40分）的话，我们可以这样分配20分的目标值：首先让选择题承担20分目标值中的10分，填空题承担5分的目标值，而解答题承担另外5分。

在这里我只是举一个范例。根据个人的具体学习情况，我们可以进行一定的调整。但总的原则是"目标均沾"和"一切从实际出发"。要考虑各题型的难度设置和丢分情况来分配目标分。就刚才的例子而言，可能看上去在数学中解答题丢分最为集中（共扣掉40分）。这很容易让人想当然地认为从解答题中拿到分数是比较容易的，很有可能有人会把20分的目标值全部分配给解答题。其实恰恰相反，数学考试中的大题难度梯度很大，后面的一两道题只有很少一部分学生能够完全做对。对于基础偏弱的中等生来说，短期内想从大题上拿到很多分数是非常吃力的。而选择题则相对简单，很多错误并不是由于真的不会，而是做题技巧和熟练程度上的问题。这部分丢分是可以在短期内弥补的，所以可以把目标值更多地向这些相对容易的题型倾斜。

能做到这一步其实已经很不容易了。毕竟能够将目标细化到如此程度的人少之又少。但我不希望你在这里止步，我希望你能比别人走得更远。目标最终要转化为行动才会发挥功效。我们必须做些过去没有做过的事情，才能得到过去从未得到的收获。因此，我们要规划好每一天的具体任务，以保证之前设定的目标能够如期完成。

还是以数学为例，要想让选择题提高10分，也就是多做对两道选择题，必须加强选择题的专项练习才行。除了学校布置的作业之外，必须有针对性地做一些选择题。最理想的做题对象是之前做错过的题目。根据"细节化"的原则，不能只是简单设定每天做什么题，还要详细到做多少道题、做哪本习题等。总之，要确保目标设定后，可以立刻着手去做，并能够在当天就衡量目标实现与否。

同样，填空、解答题也必须如法炮制。如此形成目标体系已经不再是简单的、笼统的愿望，它们已经成了翔实的操作手册、具体而生动的行动计划。按照这份经过"数字化"和"细节化"处理的目标体系做事，你将很难失败。即便无法完成分支目标，你也能在第一时间知道差距在哪里，如何弥补，而不是在稀里糊涂地度过几个月后才发现自己没有实现当初许下的愿望。

关于目标设定，还有一个非常重要的细节必须做：把目标写下来。

说出来的话就像飘荡的空气，很快消失不见。但是白纸黑字的东西却可以一直提醒你应该做什么。

小的目标要专门记在一个本子上。每天的进度反馈要及时更新在本子上。这样，每当翻开本子时，你都能看到以前你为目标所付出的努力，并及时了解自己的完成进度。

大的目标要上墙。这不仅意味着你每天都能看到它，还意味着别人也能看到。对于目标设定者来说，没有什么比让别人知道自己的"宏伟目标"更有压力的了。很多人都会担心别人嘲笑，更担心万一实现不了目标下不了台。如果你有这样的担心，可以学习西楚霸王项羽。当年项羽在和秦军主力决战的时候，为了激励军心，在登岸后凿船毁灶，显示了自己决不回头的决心。最终，实力稍弱的起义军一举消灭了实力强大的秦军主力。给自己留出一条后路，固然可以减轻一些内心的压力，却也减少了前进的动力。

因此，如果你希望自己能更快地到达终点，把目标公之于众是大有好处的。关于这一点，我自己也深有体会。

当年距离高考两个月的时候，我曾经在卧室门板上贴了一张斗大的纸，上面写着"进军前五名"五个大字。亲戚朋友来到家里，都能看到这几个字。有时候，客人会问我为什么立下这样的目标。此时，我内心的压力是很大的。因为留给我的时间毕竟很少了，而且一般人都认为高考前的最后两个月成绩是十分稳定的，很难再有大的突破。但是我没有理会这些，仍然按照我自己的既定方针去安排复习。最后到高考的时候，我的成绩果真排到了全班第四名。现在回想起来，如果当时没有把目标公之于众，恐怕我也不会那么努力地去拼搏。

目标不同于愿望，它不应该是一个模糊的概念，而必须有实现的可能，并且能够清晰判定达成程度。想让目标真正发挥作用，可以用到两个工具：一个工具是"数字化"，即将目标转化为一系列可衡量的数字；另一个工具是"细节化"，即尽可能详尽地将数字化目标转化成可以立刻实施并能够被实时检验的行动计划。

视觉化想象的力量

临渊羡鱼，不如退而结网。无论你有多么远大的抱负，无论你多么壮志满怀，如果不付诸行动，那些梦想只能沦为空想。

大学三年级的时候，我曾读到一本书。在书中作者谈到一种神奇的方法，正确运用这种方法的人可以让梦想成真。这套方法听上去十分不可思议，甚至有点像开玩笑，但作者言之凿凿地叙述了他个人生活中运用这种方法收到的效果，我对此深信不疑。于是，我将这种方法付诸实践。一段时间后，内向的我组建了所在大学历史上规模最大的民间社团，成为全系第一个邀请企业老总来学校讲课的人（当然，现在看已经不是什么新鲜事了）。我还用这种方法顺利通过了各种证照考试，甚至用它找到了工作。此后相当长的一段时间内，我再未系统使用过这种方法。

十年后，我读到另一本书，在这本书中我再次读到了这种神奇的方法。这本书的作者曾经先后创办过两家全球500强企业，在78岁高龄的时候他临危受命，出任濒临破产的日本航空公司的CEO，并奇迹般地在短短一年之内扭亏为盈，被业界看作神话。他就是大名鼎鼎的稻盛和夫，而他的书你即便没看过，至少也听说过，叫作《活法》。

在《活法》这本书中，稻盛和夫讲了这样一段话："成功的基础是强烈的渴望……不断地想，不断地思考，我们就将在头脑中'看得见'即将实现的现实……在大脑中反复进行模拟实验，心中推演种种迈向成功的过程……如此锲而不舍，反复思考，成功的道路就好像曾经走过似的'逐步清晰'了。那些只出现在梦想里的东西逐步接近现实，不久梦境与现实的界限消失，似乎已成现实。"这种方法被称为"视觉化想象"。

第一次读到这段话的时候，我心中一震。我没想到鼎鼎大名的稻盛和夫先生进行企业管理和创新的方法竟然与我十年前找工作时使用的方法如出一辙。

就像稻盛和夫先生说的一样，运用视觉化想象的方法来实现目标的做法是经过实践检验的。如今，心理学研究已经证实人们可以通过单纯的主观想象来提高实际行动中的表现。心理学家曾找来两组人进行投篮练习。一组进行的是常规的实地投篮，而另一组则只是在想象中进行投篮。一段时间后，心理学家对两组人进行了测试，发现在想象中进行训练的实验对象取得的进步要超过实际进行训练的那组人。

运用视觉化想象的关键是充分发挥想象力，我们只有像看电影一样看清目标实现过程中的细节，才能收到奇效。只做一次想象是很难达到这样的效果的。你必须反复想象，才能不断充实目标实现后的细节，让它变得更逼真。

在想象的过程中，你要身临其境。如果你想象走进一个教室，就要能够看到这个教室里的一切细节，包括桌椅板凳的样子、窗户的朝向、窗台上的花盆、学生们在课桌上垒起的书山……总之，你越是身临其境，想象出来的细节越丰富，实现目标的可能性就越高。

及时反馈的重要性

除了不断幻想通向成功的每个场景外，我们还需要在现实中对成功进行"度量"，以保证成功如期而至。

小时候我曾经听老人讲过一个很吓人的故事，说一个人在黑夜走进坟地，走来走去又回到原点。这个人心里很害怕，急着走出坟地，却一次次地回到原来的地方，最后天亮的时候大家发现这个人死在了坟地——他是被吓死的。老人们把这种原地打转的现象叫作"鬼打墙"，意思是鬼给人设置了一道无形的墙壁，让人一次次走回老路。

现在看来，这种迷信实在可笑。所谓"鬼打墙"，其实是人的生理局限导致的错觉。很多人以为人的两条腿是一样长的，其实并非如此。如果仔细测量，你会发现自己的两条腿在长度上会有细微的差异。因此，通常情况下我们两条腿迈出的距离是不一样的。这些微小的差异在平时无关紧要，但是在伸手不见五指的黑夜就很关键了。因为在黑夜中你很难看清参照物，抬腿走路只能凭着感觉来。而两条腿迈出的距离总会存在一些差异，积累下来，你走出来的路就不再是直线，而是弧线。如果弧线延续得足够长，你走出来的轨迹就会变成闭合图形，也就是说，你又回到了原点。

这才是"鬼打墙"背后的真相。我们之所以会原地踏步是因为缺少足够的反馈。在学习的过程中，我们也常常会遇到"鬼打墙"的情况——折腾了半天，最后又回到原点，成绩毫无起色。而导致这种情况的原因和"鬼打墙"是完全一样的——缺少足够的反馈。如果我们付出努力却得不到任何反馈，也就无从知道自己现在努力的方向是否正确，我们正在做的是有用功，还是无用功。

通常情况下，我们从学校得到的反馈总是太晚，间隔时间也太长。两三个月过去了，我们才知道自己距离目标是拉近了，还是被推远了。如果你希望自己的目标能够实现，就必须在更短的时间内对学习目标进行检查和及时反馈。而检查最主要的方法就是做题。

别误会，我不是在强调题海战术那一套。做题是个很高级的技术活儿。会做题的同学不用把自己埋在题山题海之中就能获得明显进步，而不会做题的同学即便做得头昏脑涨也没什么长进。不动脑子地做题，题做得再多也没用。

如果你用过迅雷一类的下载工具的话，一定知道这些工具都有一个进度条，你可以随时检查自己已经下载了多少，还差多少才能下载完毕。我们在达成目标的过程也需要这样一个进度条，来了解自己已经完成了多少。这个进度条就是"有针对性地做题"。

具体做哪些题，取决于你设定的目标是什么。如果你的目标是"三角函数的选择题正确率达到80%"，那么你就要专门收集三角函数方面的一些选择题，在规定的时间之内做完，然后检查正确率。如果你的目标是"英文阅读理解的正确率达到70%"，那么你就应该专门去做英文阅读理解的习题，并在完成一定量的习题后检查正确率。

　　对成功的极大渴望会让我们在求学之路上锲而不舍，不断进行视觉化想象，我们将离自己的目标更近。这种想象必须是无比细致且日夜重复的，等你连做梦都梦到成功的场景时，成功就近在咫尺了。

　　在实现目标的过程中，我们要及时获得目标实现程度的反馈，并且根据反馈适当调整计划，也只有这样，才能避免在学习中遭遇"鬼打墙"——努力付出后却停滞不前。

读完本章，想要分享阅读感悟？
好书推荐 » 社科资讯 » 书友交流社群
◀ 微信扫码，获取本书配套服务

第八章

为掌握新知识而学习

08

还记得学习的本质是什么吗？其实学习本身是一件很单纯快乐的事情，只是我们都被功利遮住了眼睛，遗忘了我们学习的初衷。

认清学习的本质

....

学习的本质很简单——把不会的变成会的。每一天都学会多一点，日积月累下来，便是一笔"巨额财富"。

....

2001年之前，席卷全球的互联网风暴曾经让人们一度相信，一家企业的价值并不取决于它盈利的能力，而取决于它吸引眼球的能力。于是，不计其数的风险投资商把真金白银砸在了日烧斗金的互联网企业中。眼看着企业一天天赔钱，而且越赔越多，投资者还开心庆贺，好像捡了天大的便宜一样。此情此景让人怀疑这些投资者是不是疯了。但是，在那个互联网企业如日中天的时代，只有怀疑这种全新投资理念的人才会被看成疯子。大名鼎鼎的"股神"巴菲特就曾经因为没有投资高科技股票被人们质疑为落伍。

2001年，不断膨胀的互联网泡沫终于破灭了，一家接一家的互联网企业像秋后的枯草一样纷纷倒闭。那些把烧钱看作互联网投资新模式的人遭遇了前所未有的挫折。如果当年在投资的时候，他们能够认真研究一下企业经营的本质，这些挫折原本是可以避免的。

投资的本质其实很简单，如果你投入一元钱，回报是一元零一角，那么这笔投资就是成功的。如果你投入一元钱，回报也是一元钱，那么这笔投资就是没意义的。如果你投入一元钱，回报是九角钱，那么这笔投资就是失败的。再简单一点说，投资的本质就是赚钱。那些过分关注遥远未来可能的收益，却忽视眼前不断赔钱事实的投资者，实际上是在背离投资的本质，哪有不失败的道理？

只可惜，越是接近本质的东西，越是容易被人忽略。

学习和投资很类似，它的本质也很简单——"把不会的变成会的"。其他一切有关学习的讨论，都是对这一本质的解释和补充。

尽管学习的本质如此简单，能够时刻牢记、从不背离的人却很少。和前面提到的那些疯狂的投资者相似，很多学生在纷繁复杂的环境中接触了太多有关学习方面的指导和信息后，渐渐淡忘了学习的本质，他们忘记了学习的终极目标，反而常常把手段当成目的去努力，最终往往劳而无功。

你见过那些把听课当成学习的人吗？你见过那些把做笔记当成学习的人吗？你见过那些把完成作业当成学习的人吗？你见过那些把看书当成学习的人吗？你见过那些把做题当成学习的人吗？

是的，我相信你见过，也许你自己就是这样的人。如果我告诉你以上这些说法都背离了学习的本质，你会不会感到惊讶？想真正理解学习的本质，我们必须学会区分手段和目标。以上这些学习活动都只是完成学习目标的手段，而非目标本身。听课是学习吗？可能是，也可能不是。如果你通过听课学到了原来不会的东西，那么这个过程就是学习的过程。如果你听完课之后没有学到任何新东西——原来懂的还是懂，原来不懂的还是不懂，那你就是在做无用功。

令人遗憾的是，很多人在学习过程中所做的都是无用功。

前几天，我的一位同事抱怨孩子的小学老师留作业太不合理。那名老师要求孩子把当天学到的每个新字都写上100个。身为老师，我倒是能理解这名老师为什么这样做。很多时候，老师们也是身不由己。学校层面施加的压力在很大程度上并不是他们能左右的。但实事求是地说，这样的作业除了浪费孩子们的时间外，没有太多意义。

在著名的家教书《好妈妈胜过好老师》中，尹建莉老师曾经措辞严厉地批判过暴力作业。我读到尹老师的观点时，也心有戚戚焉。留作业的本意是复习和巩固知识，帮助学生完成由不会到会的过渡。但现在有很多家庭作业已经背离了学习的本质，它更像对学生的摧残和惩罚。很多学生讨厌学习就是从完成暴力作业开始的。

当然，我们也不能一概认为学校和老师所做的事情都是背离学习本质的。如果真是那样，我们也没有上学的必要了。问题在于很多人根本没有能力辨别：怎样做事是符合学习本质的，怎样又是违背的？

很多年前，我看到媒体爆料，说某位武打巨星在风头正盛的时候被人在酒吧追打。当时的心情就像看到外星人入侵地球一样。一个在银幕上威风八面、战无不胜的动作明星竟然会被人打得体无完肤，而对方竟然只是个酒吧里的混混。这实在让人难以理解。

对于真正懂功夫的人来说，这种情况很好解释。李连杰在担任娱乐节目嘉宾时曾说过，功夫有四种类型，不同类型的功夫有不同的功能。银幕上的功夫只具有表演的功能，它与实战中的功夫根本是两码事。这其中的道理非常简单——和你街头打斗的人根本不会像电影里那样一招一式地和你比画。这些人往往一出手就会攻击你的要害，你甚至连还手的机会都没有。除非你是演员，否则在格斗时使用花拳绣腿只能自食其果。

学习更是如此。你尽可以摆出爱学习的花架子：你可以把课本、辅导书和各种卷子堆得像小山一样高，然后把脑袋埋在里面，以博取家长的同情；你也可以一边听着流行歌曲，一边不知所云地捧着书本坐在那里熬时间；你更可以一边用眼睛死死盯着老师，一边在脑子里YY着自己和游戏里的BOSS决一死战。但这样做对你的学习不会有任何帮助。类似这样的"功夫"无论下多少，也不会让你的成绩真正提高。

当然，我相信装样子给父母和老师看的孩子毕竟还是少数。可大多数学生仍然把"学习的手段"当成"学习本身"。他们认为学习就是看书、背词汇、做卷子、听课……

请注意，我不是说看书和做题不是学习，我只是想强调这些都是学习的手段，而不是我们的最终目的。如果你没有办法提升自己的真正实力，把那些曾经不会的知识和技能转化成你已经掌握的知识和技能，看多长时间的书、做多少道习题都是白费力气。

今天晚上，当结束一天的学习，打算上床睡觉的时候，你可以问自己一个问题：通过这一天的学习，我都学会了哪些知识和技能？我有把原来不会的东西转化成会的东西了吗？

很多人不太敢问自己这样的问题。因为当认真地反思自己在书桌前度过的光阴时，他们很可能会悲哀地发现，自己几乎一无所获，几个小时的时间只是在做无用功而已。有太多人在自认为用功读书的时候神游天外，最后成绩不理想的时候却抱怨自己的付出没有得到回报。拿到联赛冠军的关键是把球射向球门，只是摆出射门的姿势是没用的。只有那些踏踏实实地提高实力的人才有可能看到胜利的曙光。

毛泽东曾经说过一句很有名的话："伤敌十指，不如断其一指。"在军事上，我们的军队从来都是打歼灭战。只要与敌军对垒，我们都会想尽办法整团、整旅、整师地把对方吃掉，而不是在击溃敌人之后将其放跑。这样做有两个明显的好处：一方面我们可以有效地在心理上震慑敌人；另一方面敌人在被歼灭后无法在短时间内恢复番号，无法迅速补充兵员，我们需要面对的敌人将会大大减少。

在这个层面上，打仗和学习的道理是一样的。走马观花地浏览一篇课文，不如脚踏实地地背下一个段落；囫囵吞枣地做完十道习题，不如精心研究一道习题的具体思路和变形解法。学习最忌讳的就是"不求甚解"。那些被你轻易放过的知识点会在以后的日子里让你加倍付出代价。想快速提升学习成绩吗？把你下一分钟遇到的第一个没有掌握的知识点或者第一道做错的习题"歼灭"吧！然后是第二个，第三个……在没有歼灭第一个"敌人"之前，不要看任何其他东西或者做任何其他事情。当你歼灭的"敌人"足够多时，你的成绩自然就提高了。

看到这里，有些同学可能会担心时间的问题——我连新知识都来不及消化，哪有时间去补以前的窟窿啊？

请不要这样想，不要过分在意学校的进度，只要升学考试不是今天，你就还有时间提升自己。中高考的阅卷教师不会问你之前学到了哪里。你只要攻克了一个知识点，就会比之前的自己更强大，在考场上也拥有更多胜算。

不要盲目追求完成多少"数量"的学习任务，要把注意力放在完成学习任务的"质量"上。追求没有质量的效率是毫无意义的。

在前面的章节中我们曾经讨论过建立学习目标。如果你还在为如何树立正确的学习目标而头疼的话，在这里我可以先"免费"送你一个——"每一天都比前一天多掌握一些知识和技巧"。比如，你用了一个晚上的时间把"合并同类项"彻底弄明白了，书上的两道例题也彻底弄懂了，这就算完成了目标。完成这个看似简单的目标有一个关键，那就是"每一天"。偶尔有一天猛K教材、猛背单词，谁都能做到，这没什么了不起。真正了不起的是每天都能有一些小进展，从不止步。

不要小瞧每天获得的这一点点进步。今天比前一天多背下10个单词，会让你的成绩突飞猛进吗？显然不会。不过如果365天，天天都能如此，那你就不得了了！这意味着你在一年之内新掌握的词汇量将达到3600多个，这已经超过了高中阶段需要掌握的词汇量了。拥有这么丰富的词汇量，你的英语成绩想差也难。同理，如果你每天都能弄懂一类原来不会的数学试题，一年下来，你就突破了365个不同种类的原来不会的试题类型。这样的进步不要说迅速提高成绩，恐怕连你的老师都要虚心向你请教了。只要你能坚持每一天都攻克一些原来不会的知识点，不出两个月，你的成绩必然会发生比较明显的变化。坚持一年，你的成绩必将让班级里所有人瞩目。

作为过来人，我承认，这并不像看上去那样容易做到，但这也的确是所有学生迅速提高学习成绩的不二法门。

古希腊哲学家苏格拉底曾经公开招收弟子。别人都以为这位闻名遐迩的大哲学家会提出很苛刻的要求，没想到苏格拉底的要求非常简单，那就是每天将手臂向前、向后各挥动100下，谁能坚持三个月，谁就有资格成为苏格拉底的弟子。大家听后都笑了，他们觉得这件事太简单了，连小孩子都能做到。可是，三个月之后，只有一个人坚持了下来并成为苏格拉底的弟子。这个人就是后来写出了《理想国》、被称为"古希腊哲学三杰"之一的柏拉图。

很多看似简单的事情，如果要求天天去做，难度便会迅速增加。所以，在你身边能坚持每天超越自己的同学恐怕不多。也正因为如此，能够在短时间内迅速提高成绩的同学才是凤毛麟角。我相信在读过这本书之后，你会与身边的其他同学有所不同。无论你最终选择怎样做，起码现在你已经知道怎样迅速超越身边的同学，让自己的成绩变得卓越。这就像大家都在寻找宝藏，尽管你暂时也没有找到，却找到了宝藏的钥匙。能否用这把钥匙打开宝藏的大门，就完全看你的选择了。

　　我们都曾幻想找到一条捷径，可以不花一丝力气就让学习成绩发生立竿见影的变化。这种讨巧的想法让许多学生深陷学习方法的"迷信"中，反而忽视了学习的本质。其实，在通往成功的道路上，所谓的捷径大多数都是陷阱。终究有一天，我们会领悟到，原来最近的捷径就是不走捷径，把该做的事情按部就班地做好，心中所想的目标自然就会实现。

当你脚下出现100美元

好学生都惜时如"金"，成绩不好的学生往往"挥金如土"，正是这两类学生对待时间迥然不同的态度，左右了他们的学习成绩。

如果在你脚下放置100美元，你会弯腰去捡吗？

这个问题看似简单到不需要回答。然而西方一家主流的媒体却硬是给出了不同的答案。那名编辑认为正确答案应该是"不一定"。因为我们并不知道这100美元究竟掉在了谁的脚下。如果这张印着富兰克林头像的花花绿绿的票子真的出现在你我这样的普通人面前，我相信大多数人会在第一时间弯腰，可如果这张纸币掉到了比尔·盖茨脚下的话，答案就不一定了。

有人做过这样的计算，他们把比尔·盖茨的年收入除以365天，再除以24小时，再除以60分钟，再除以60秒，最后计算出比尔·盖茨每秒钟内赚取的财富——大约是600美元。弯腰捡一张地上的钞票大约需要花费三秒钟的时间。这三秒钟对于比尔·盖茨来说，意味着1800

美元的价值。在1800美元面前，100美元是微不足道的。所以，这家媒体的编辑认为比尔·盖茨不会弯腰去捡那100美元。

我们暂且不管这个推理的过程是否合理，起码它在提醒我们，时间对于不同的人来说价值是不一样的。越是有能力创造价值的人，时间的价值越宝贵；越是没能力创造价值的人，时间的价值越低廉。为什么我们想见大人物总是很难，而想见普通人却不费吹灰之力？这在很大程度上是因为他们的价值不同，跨国公司CEO的日程表总是排得满满的，每一分钟对于他们都十分宝贵；而空车配货的司机们却经常在树荫下潇洒地玩扑克牌，浪费时间对于他们来说只是家常便饭。

由此，我们联想到为什么那些好学生都惜时如"金"，而成绩不好的学生往往"挥金如土"。我们可以认为是这两类学生对待时间迥然不同的态度左右了他们的学习成绩。但是相反的结论也可以成立，学习成绩的差异也会导致学生们对待时间的不同态度。

日本著名的学习励志漫画《龙樱》，描写了一名基础极为薄弱的高三学生经过一番努力拼搏，考上全日本最著名的东京大学的故事（日本的东京大学相当于中国的清华大学）。

在漫画中，作者描述了这样的情节：主角水野是一名在即将倒闭的高中就读的三流学生。上大学对她来说原本有如天方夜谭。一天一位叫作樱木的律师邀请她加入一个名为"东大特训班"的奇怪班级。这个实验性质的班级不但免收学杂费，还保证她可以进入东京大学。让一个从不学习的三流学生进入东京大学已经够离谱的了，更离谱的是完成这个疯狂目标的时间只有一年。所有人都不看好疯狂的樱木律师，包括水野自己。然而在加入东大特训班后，水野的人生轨迹却发生了巨大的变化。

在老师们耐心的帮助下，水野发现自己不但不笨，而且还是一个拥有巨大学习潜力的人。她在很短的时间内就获得了相当大的进步，这让她看到了进入东京大学的希望，也从此开始了魔鬼式的学习历程。从前一觉睡到大天亮的她开始通宵达旦地学习，为了节约时间用来复习，她甚至连续很多天不回家，直接在教室里打地铺。

需要强调的是，在水野发生巨大转变的过程中，没有任何人提醒她节约时间的重要性。没有人强迫她通宵达旦地学习，没有人告诉她要抓紧一切时间，这些都是水野自己的选择。水野为什么会发生改变？答案是她目睹了自己所拥有的时间价值的变化。从前的她认为自己无论怎样努力都不会考上大学，因此时间对于她来说毫无价值，浪费时间也是理所当然的事情。但是，当她通过特训发现自己可以在短时间内突飞猛进时，她开始意识到自己拥有的时间并非毫无价值，而是非常珍贵的。如果善加利用，她很可能会考上人人梦寐以求的东京大学。此时她很自然地会去节约时间。

然而又是什么因素改变了水野对时间价值的判断呢？答案就在前面的段落中——水野的成绩发生大幅度的改变。正是水野在短时间内获得的巨大进步让她看到了时间的价值。离开了这个前提，她是不可能通宵达旦地拼命学习的。

时间在本质上也是一种资源。用时间来投资和用金钱来投资并没有太多不同。一种投资产品的价值多寡与它能交换到的资源直接相关。如果我们学了20个小时，成绩却没有一丝一毫的变化，我们很可能会就此认为我们的时间对于学习来说并无太多价值（当然，也有人会越挫越勇，他们会选择投入更多时间来观察多长时间的努力学习才能带来成绩的明显上升）。

相反，如果我们全心全意投入了20个小时，发现自己取得了一个个实实在在的学习成果，那么我们就会很自然地产生一种通常被人们称为"成就感"的愉悦心理，大脑会分泌更多多巴胺，学习的动力会更加充足……更关键的是，我们会通过自身的努力，看清时间与成绩的关系。我们会很直观地认为更多的时间投资会换来更多成绩上的回报，进而在潜意识层面提升对时间价值的判断。此时，如果让我们在宫廷穿越剧和数学作业之间做选择，选择前者将会面对更大的压力。因为我们很清楚，如果这段时间用来做数学作业，可能会得到更好的回报。

正因为学习上实实在在的进步能够左右我们对时间价值的判断，我才会一再强调在学习的过程中"打歼灭战"的意义。

不要等到期中考试和期末考试，而是每天晚上睡觉之前我们就应该对自己这一天的时间利用进行价值评估，并力争在第二天的学习中进一步扩大战果，歼灭更多"敌人"。通过这种方式让人们明白时间的价值，比苦口婆心的规劝和各种硬性规定更有效。

顺便再提一下比尔·盖茨的故事。比尔·盖茨会为了那100美元弯腰吗？据说有人还真的问了比尔·盖茨这个问题。让媒体大跌眼镜的是，盖茨给出的回答竟然是肯定的！堂堂世界首富竟然会因为100美元而折腰！

这听上去有些不可思议，但仔细想想，却觉得很有道理。虽然我不肯定比尔·盖茨是否听过"二鸟在林不如一鸟在手"的中国俗语，但我相信他能理解并接受这句话中包含的东方智慧。像比尔·盖茨这样的聪明人一定会非常重视当下的价值。微软能够成为软件业的航空母舰，绝不仅仅是凭借它宏大的目标和愿景。离开了每分每秒都在流入微软的实实在在的利润，即便像微软这样庞大的企业也会轰然倒塌。所以比尔·盖茨才会一再告诫微软的员工，微软离破产永远只有18个月。

100美元虽少，但它是存在于当下的实实在在的价值，而不是虚无缥缈的利润许诺。与其追求如空中楼阁般的600美元，不如弯下腰来捡起实实在在的100美元；与其发下宏愿在一个月之内做完刚买的习题集，不如本本分分地把习题集翻开，实实在在地做好第一页的习题。如果你有本事在五分钟的学习过程中找到时间的价值，你也自然有办法让一个小时甚至让更长的时间发挥应有的价值。

"千里之行，始于足下"，老子的"当下"智慧值得每个人去回味。

强调时间对于学习的价值，并不是号召大家都去做死守书桌的书呆子。也许比尔·盖茨在内心深处很希望他的员工能够全天候24小时为他创造价值。但是如果他真的那样做，微软离倒闭也就不远了。对于高度依赖智力来运转的企业来说，过度地榨取员工的精力只会让他们的工作能力迅速下降，从而更可能给公司带来损失，而不是收益。另一方面，遭受雇主的过度压榨会让人们很自然地采取反抗的态度，而非顺从。这也会导致雇主的损失，就像170多年前的普鲁士西里西亚纺织工人起义一样。因此，全球500强中的大多数企业都比较善待自己的员工。除了提高员工的薪酬，那些具有远见卓识的管理者还会给努力工作的员工另一件礼物——带薪长假。说来奇怪，短暂的休假反而会提高员工的工作效率，从而给雇主带来更多利润。

同样的现象也存在于学习过程中。那些过度压榨子女或者压榨自己，通过无限制地延长学习时间来提升成绩的家长和学生，无一例外地会遭到失败的打击。人类的生理特点决定了，他们天生不适合从事长时间的高强度劳动，尤其是脑力劳动。科学家们已经通过实验验证，过长的学习时间会降低一个人的学习效率。一口气学习五个小时，远不如分五次学习一个小时更有效率。适当的休息和娱乐对于学习者来说，不仅仅是令人愉悦的，也是必需的。一个不懂得休息的学习者是很难取得好成绩的。

强调休息和娱乐的重要性很可能会正中某些玩心过重的学习者的下怀。以往我强调这些道理时，总有一些"别有用心"的学习者拿着我的观点去"教育"他们的父母，要求更多的娱乐时间。

与过度的学习相似，过度的娱乐也不是什么好事。60分钟的娱乐活动并不会比30分钟的娱乐活动给人带来双倍的快乐。睡12个小时也不会比睡6个小时多恢复一倍的精力。过度沉迷于某种娱乐不但会浪费大量时间，也会迅速减少你从娱乐活动中寻找到的快乐。休息和娱乐同样遵循着"边际效益递减"的原则。"少食多餐"式的娱乐方式才是最聪明的。

虽然了解学习时间的价值对于学习者来说非常重要，但是我不太希望你变成过分拘泥于时间的人。我们的学习效果，并不取决于我们投入了多少时间，而取决于我们学到了哪些实实在在的东西。与其将目标设定为学习两个小时的英语，不如把目标设定为记忆20个单词。

任务导向的学习计划与时间导向的学习计划最大的不同在于，前者会让我们最大限度地发挥自己的潜能，提升我们的效率，而后者不会。事实上，单纯以时间作为学习目标还可能导致磨洋工。这与学习者的人格特质无关，规则和环境往往比性格更能决定一个人的表现。

除了注意劳逸结合，按进度完成学习计划，合理规划学习时间也非常重要。

相信大家都知道"愚公移山"的故事，当年毛泽东曾经用这个故事激励全国人民鼓足勇气，渡过难关。我个人非常喜欢这个故事，每逢遇到困难时，我都会用愚公的故事激励自己。无论我们面对什么样的困难，它的数量总是有限的，而我们克服困难的毅力和办法是无穷无尽的。我们每解决一个问题，困难的总数就会减少一些，前方的道路就更平坦一些。

学习的过程和搬山的过程是非常相似的。无论教材的篇幅看起来有多长，无论对应这些教材的习题和教辅资料有多么源源不绝，真正作为考试对象的考点却总是有限的。每一年，考试中心都会发布当年各学科的考试内容，我们称之为"考点"。我们每掌握一个考点，尚未掌握的考点就少了一个，顺利通过考试的可能性就会增加几分。随着掌握的考点越来越多，我们攻克那些尚未掌握的考点的能力也会不断增强。而考点本身却并不会增加。因此，只要方法对路、时间允许，我们完全可以攻克大部分考点，并顺利通过考试。即便你只是把考查频率最高的少数考点攻克，也能拿到不错的分数。

这听上去似乎很简单，不过对于大多数同学来说，他们发愁的地方正在于不知道哪些是重要的考点，而哪些并不重要。很多同学也无从掌握一个考点重要与否的判断标准是什么。

即便我们已经知道了哪些考点是必须掌握的，如果我们不能清晰地看到自己掌握的知识图谱的全局，不知道自己现在所处的位置，还是不能有的放矢地攻克考点。很多同学即便非常努力地学习，也掌握了很多原来不会的知识，可心里还是没底。因为他们并不清楚自己已经掌握了多少知识点，还有多少知识点没有掌握。关键就在于他们缺乏系统化的学习技巧。

我们可以把那些必考的考点想象成铺在我们面前的一张大列表。我们每攻克一个考点，就在对应的该考点的另一端打上一个大大的对号。通过检查列表右侧对号的数量，你可以清楚地知道自己走到了哪里，还有多少考点尚未攻克。当整个列表的右侧都打上对号时，我们就可以信心满满地进入考场了。

单纯用学习时间的长短来衡量学习进度，是在鼓励拖延，降低效率。很多人在浑浑噩噩中度过两三个小时之后，明明没有学到多少真东西，却误认为自己学到了很多。这种毫无效果可言的时间付出自然无法得到成绩上的良好回报。到头来当事人还会觉得自己很委屈，甚至一棍子打死自己，认为自己根本不是学习某个学科的材料。

NLP（神经语言程序学）中有一句名言，叫作"有效果比有道理更重要"。从今以后，不要说"我学了多长时间，我花费了多少工夫"，而要说"我学到了什么"。时刻把眼睛盯在最终的学习效果上，才不会迷失方向。

第九章

09

在倒退中前行

　　跟不上老师的讲课进度，就会落于人后？做作业的时间都不够，没有时间去研究错题？中国有句老话叫"欲速则不达"，也许适当倒退才能走得更远。

欲速则不达

学习就像一场战争，一个时时处处想赢的人往往会输得很惨，而一个懂得合理退让的人却能赢得最后的奖杯。

《水浒传》中曾经描写过这样一个情节：林冲被柴进请进山庄，待如上宾。柴进手下的洪教头对林冲十分不屑，想和林冲比武。林冲几番推辞后未果，只能被迫应战。一开始洪教头就摆出一副咄咄逼人的架势，一边喊着"来——来——来"，一边猛烈地向林冲进攻。面对急于得手的洪教头，林冲并没有急着还手，而是一直退让，直到找出洪教头的破绽，才果断出招，将洪教头打倒，并赢得了满堂喝彩。

作为四大名著之一，《水浒传》影响了很多中国人。新中国的缔造者——毛泽东也是被影响的人之一。毛泽东最初读到这本小说的时候应该还是个孩子，但这段故事情节给他留下的烙印太深，以至于后来他在井冈山领导红军进行反"围剿"时深受林冲的启发，采用了和林冲一样的策略。

国民党的前四次"围剿"中，每次"围剿"都是以绝对优势的兵力和绝对优势的装备开局，却又以毫无悬念的惨败告终。而反观红军方面，每次反"围剿"之前都是以绝对劣势的兵力和装备进行防御，而每次反"围剿"之后都是"赚了夫人又添兵"——不但根据地面积不断扩大，人数也迅速增加，且装备也越来越好。

"以少胜多，以弱胜强"，几乎成了中国革命的一个标志性现象。在同时代的世界战争中，绝大多数国家都是以优势兵力完成反攻，很少有哪个国家的战争能够像中国井冈山的反"围剿"一样，在兵力居绝对劣势的情况下获胜。

毛泽东在《毛选》中毫不隐讳地描述了红军反"围剿"的战略，那就是"避其主力，击其虚弱"。在战争初期，由于国民党的兵力十分强大，红军常常要连续后撤，避让国民党军的锋芒。最严重的时候，整个根据地近四分之三的地盘都被国民党占据着。这样的做法曾经让很多红军将领感到困惑。有些人把毛泽东的做法称为"逃跑主义"，即便是林彪这样不世出的军事天才都忧心忡忡地问："井冈山的红旗能打多久？"但是，随后的反攻证明了毛泽东战略的正确。当国民党的部队纷纷被歼灭，并对红军产生了本能的恐惧时，大家才真正尝到甜头，从而也真正对毛泽东的战略坚定了信心。

在后来的革命岁月中，毛泽东把这种战略概括为"存人失地，人地皆存；存地失人，人地两失"。怕有些同志不理解，毛泽东还形象地打起比喻，说打仗就像做生意，没有付出就没有回报。你想把谷子卖给别人，就必须先把谷子给出去，当别人拿到了谷子，你手里才会有钱。没有可能你死死攥着谷子，却一味要求对方把钱拿来。只索取，不付出是做不成生意，也打不了胜仗的。

这种"以退为进"的策略帮助红军打了一个又一个胜仗。

学习也是一场战争。每个人都要经历小学、初中、高中这三大战役，才能进入高等学府深造。那些横亘在我们学习之旅上的一个又一个知识点，就是我们的敌人。纸、笔、教辅书籍是我们的武器，当然最重要的武器还是我们的头脑。在攻克知识点的战争中，我们有赢有输。赢的时候固然开心，输了就没那么有趣了。当我们无力消化老师讲解的知识点、越来越难以跟上学校进度的时候，那种无力改变的挫败感实在是让人非常沮丧。

这种处境和当年井冈山上的红军有几分相似——我们都处于不断恶化的逆境之中。除非我们做额外的努力，否则按照现有的趋势发展下去，等待我们的只有失败一途。与直觉相反的是，此时我们需要做的"额外的努力"并不是前进，而是后退。

一个时时处处想赢的人往往会输得很惨，而一个懂得合理退让的人却能赢得最后的奖杯。前面我们曾讲过"田忌赛马"的故事。田忌在之前的比赛中之所以屡屡输给齐王，就是因为他不肯适时退让，在该服输的时候却硬着头皮死扛。有了孙膑做对比，我们可能会觉得田忌很愚蠢，他怎么会连这么明显的道理都看不出？其实田忌一点都不傻，他和我们大多数普通人一样。把我们放在田忌的位置上，99%的情况下我们也会做出一样的选择。

拉斯维加斯、澳门，还有全世界所有赌场里都挤满了无数个现代版的"田忌"。他们在赢钱的时候不知道及时收手，在输钱的时候又不甘心退出，直到输得一文不名才垂头丧气地离开。走的时候，他们还在心中懊悔"其实玩到一半的时候我已经赢了很多钱，如果当时离开就好了"，或者"就算我不玩最后这两把也能保本回家。这下可好，连打车的钱都没了"。

炒股大军中也充斥着无数个"田忌"。他们在股价高涨的时候贪婪地等待股价进一步蹿升，在股价下跌的时候又苦苦地幻想股价能涨回来。市场上最容易被套牢的总是这些人。

无论在赌场、股市还是赛马场，那些不懂得及时后退的人总是最后的输家。

学校里也是如此。每所学校，甚至每个班级都坐满了数不清的"田忌"。他们抱着堆积如山的作业，埋头奋战到凌晨1点，哈欠连天，却仍然苦苦坚持；他们在根本听不懂老师讲什么的情况下却仍然执拗地跟着大部队前行；他们在原有的知识漏洞百出的情况下却仍然用周末休息的时间去提前学习未来的课程；他们在基础都没有打牢的情况下死抓着那些神秘辅导书里的难题不放……

对于这些孩子，我充满了敬意，他们都是真心向学的。与那些不务正业、早早就放弃了努力的孩子相比，他们起码还保持着学习的愿望和动力。但也正因为如此，这些孩子身上的致命缺点才更不容易被发现，也更难清算。试想，谁会责备一个整天埋头学习的孩子"不认真学习"呢？谁又会说一个每天学到凌晨1点的孩子"不努力"呢？老师们会勒令那些完全听不懂自己课的学生不去听课吗？家长们会让孩子停止做那些根本没有合理性可言的作业吗？当学校安排的考试过于紧密，已经明显冲击到孩子学习的正常秩序时，会有人出来公然阻止吗？家长们有勇气允许自己的孩子不去参加考试吗？

中央电视台纪录片频道曾播放了一个名为《热门之路》的系列节目，讲述了一群穿越沙漠和高山的印度长途货运司机的故事。他们运货的道路充满了危险，缓慢移动的沙丘随时可能让货车停止前进。陡峭的、没有任何防护装置的崎岖山路随时有可能把货车抛向深渊。当货车行至列城附近的山谷时，山路上起了大雾，司机们很难看清30米开外的地方。偏偏雾最浓的地方是一条仅容一辆货车行驶的单向山路。

这时，纪录片的主角——一位来自新德里的货车司机主动当起了交通指挥员，他和自己的助手分别站在道路两端，为通行的司机充当参照物，并打着各种手势帮助他们前进。当同向的车辆都安全通过后，他们才继续前行。路上，这位来自新德里的司机对纪录片的摄制组说，他们之所以把车停下来义务为大家指挥交通，是因为十多年来的经验告诉他们："暂时的停止换来的是之后更快的前进。"

如此富有哲理的话语出自一名货车司机之口，真是令人惊讶。在学习的道路上，我们也经常会遇到崎岖的道路和迷雾。此时，选择冒险前行同样是不明智的。后退一步，等迷雾消失再继续前进，不但是最安全的方案，而且是最快速的方案。

"欲速则不达"，这句老祖宗几千年前告诉我们的道理仍然有效。遇到不懂的问题，却不去及时弄懂，而是继续带着疑问学下去，只能让问题越积越多。

学习知识是一个不断迁移的过程。当我们接触新的学习内容时，知识不是在进行正向迁移，就是在进行负向迁移。当新知识与你大脑里原有的知识相匹配时，你的知识就是在进行正向迁移。反之，当新知识与你大脑里原有的知识不匹配时，你的知识就是在进行负向迁移。

如果你了解民航客机，了解直升机，在你第一次接触航天飞机时就会比较容易接受它。你会比其他人更容易记住航天飞机的样子，并更快速地记住它的功能，这就是正向迁移。反之，如果你之前从未见过民航飞机，也没见过直升机，当你接触航天飞机时就不太容易记住它的样子，也不太容易记住它的功能。这就说明知识的正向迁移遭遇了阻碍。

所以，即便是同时接触完全相同的知识，不同的人接受的程度也不尽相同。人类的大脑不是一张白纸，我们已有的知识储备决定了我们接受新信息的能力。尽管老师们尽可能以比较慢的速度去讲授知识，还是会有人跟不上进度，落后于大家。如果此时落后的学生还要勉强跟着进度，完成现有的学习任务，只能是费力不讨好，让知识债务积累得越来越多。

当一个正在奔跑的人鞋带松开的时候，他最应该做的事不是继续跑下去，而是弯下腰系鞋带。停下来系鞋带看似很浪费时间，可是一旦我们被松开的鞋带绊倒，浪费的时间将会更多。2012年NBA最后一场总决赛中，热火队的韦德在进攻中弄散了鞋带，尽管当时他们比赛的对手雷霆队已经大举反攻，韦德的防守位置已经空了出来，他还是坚持在摔倒的地方把鞋带系好，然后才进入自己的防守位置，继续比赛。最终，韦德带领热火队赢得了那场关键的比赛。

韦德在场上系鞋带时，现场只给了不到两秒钟的镜头，然而这一瞬间却给我留下了极为深刻的印象。很难想象如果韦德放弃自己的鞋带不管，勉强回到防守区域，结果会怎样。作为一名出色的职业球员，韦德做了自己该做的事。他在NBA总决赛经历的选择与我们在学习落后时经历的选择并没有本质的不同。我们要么弯下腰解决问题，要么带着问题勉强前进。事实证明，前者会让我们少走很多弯路。

学校的进度安排并不是金科玉律，当你跟不上大部队的进度时，回过头去重新学习那些没有弄懂的内容是很正常的，你不用感到不好意思。除非这些知识点永远不考，否则，它们将一直扮演陷阱和拦路虎的角色。永远不要等到问题堆积如山的时候才去解决它们。

学习的真正奥妙并不在于如何加速，而在于何时放慢速度，甚至是停下来。聪明人和普通人比较明显的区别是，聪明人知道自己的能力边界在哪里，并尽量在边界内做事。

以退为进

学习就好像走迷宫，如果你只知道一味前进，不懂后退的话，一定走不出去。很多迷宫在设计上都需要你迂回多次才能找到出口。那些看似通向出口方向的路常常是死胡同，而往往看似远离出口的岔路才会把你带出迷宫。

当一个人在学习上遇到困难，在旧债未结的情况下，紧跟新进度也只能是离大部队越来越远，不但旧债未还，还欠下了很多新债。更糟糕的是，由于努力得不到回报，学习者的信心会备受打击。

严格来说，"一路向前赶"的学习策略并不是在任何情况下都无效。当前后知识没有太大关联，尤其是新知识的获得并不以旧知识为前提的情况下，这种策略是可行的。可惜的是，我们在学校里学习的大部分知识都不是彼此孤立的。比如，一个孩子的数学能力在很大程度上会制约他在其他理科科目的学习上能走多远。而一个孩子的语文阅读能力很有可能成为其他文科科目成绩的"天花板"。如果一个学生在基础学科的学习中掉了队，他在其他相关学科的学习中将毫无悬念地输在起跑线上。

既然"向前走"不能帮助我们抵达终点，那么我们便只能尝试相反的策略了。当感觉学习吃力时，我们要学会放慢速度，检查自己在哪些知识点的理解和掌握上出了问题。这种寻找有点像按下视频播放器中的"快退键"——我们只有看清之前都学了什么，才能知道接下来该做什么。

了解当前的"知识债务"并不困难。由于刚刚经历，我们的头脑中对这些难点还保留着比较清晰的印象。大小考试中的错题、习题册上百思不得其解的记号、教材中无法理解的行文都可以帮助我们发现这些知识上的缺漏。

困难的地方在于发现早期的知识缺漏，这些导致我们无法理解当前知识的缺漏可能是一个月前学习的，也可能是一年前学习的。知识缺漏形成的时间越早，我们就越难以发现它们的存在，其危害性也就越大。

还有一些时候，我们自以为已经理解了一个知识点，但是在做题的时候却常常犯错，一般人会把这种现象称为"马虎"。

用"马虎"一词作为对人的综合性评价，其实是很不谨慎的。严格来说，它并不是一种人格特质。在主流的人格特质理论中，我们找不到叫作"马虎"的人格特质。最多我们只能把它归结为一类现象——"在业已理解的知识和技能中偶然出现的错误"。在单独一道习题的演练过程中，这种偶然出现的错误还不至于造成太坏的影响。然而在由成百上千道试题组成的大型考试中，"马虎"带来的后果常常是灾难性的。但这还算不上"马虎"给我们带来的最大麻烦。最要命的是，很少有人真正认清马虎的本质，很多人都认为马虎只是"无心之失"，只要稍稍注意一下就可以避免。

如果你也这样想，类似的"马虎之失"必然还会重演。本质上，"马虎"是由于我们在知识和技能上掌握程度不够造成的。缺少足够的训练，才是马虎背后的本质。想想看，你会马虎到忘记如何使用筷子吃饭吗？你会马虎到写错自己的名字吗？在考查那些你低年级时曾经学习过且掌握得非常扎实的知识时，你很少会马虎。这并不是因为你足够谨慎，而是因为你在当时对知识和技能的掌握已经非常到位，所以出现错误的概率就很小。相反，如果你只是感觉自己理解了知识点要表达的意思，且没有进行过足够的训练，由于马虎造成失误的现象就必然会出现。

如何减少马虎给我们带来的损失呢？解决的办法非常简单——进行有规律的集中训练。比如你的马虎体现在一元一次方程的移项环节上。要想减少马虎的发生，你就要找出至少十道包含一元一次方程移项技能的习题。如果你不会找，可以请老师帮忙。当马虎发生时，你要找到错误的具体原因，并及时改正。间隔一段时间后，把这十道题找出来，再做一遍，如果再次发生马虎的现象，要继续之前的步骤，进行改正。什么时候你可以十分熟练地做出这十道题，且不发生任何失误，在这个知识点技能上，你就可以和马虎说再见了。

信佛的人常常讲"因果报应"。作为一个彻头彻尾的唯物主义者，我当然不相信这些说法，但是在学习的过程中，"因果报应"是真实存在的。你现在学习方面的一切障碍都与你之前欠下的知识债务息息相关。背着债务前行的感觉的确让人有些不舒服，解决之道在于：迅速倒退，找到当初欠下的"那笔债"，并果断地加以解决，后续的麻烦便会自然消失。

但这样做存在一个问题，它与现行的教学模式是相违背的。当老师领着其他同学一个劲儿地向前赶的时候，想做出向后退的决定需要相当大的勇气，甚至可以说是要冒很大的风险。一般人在直觉上会认为，如果不跟紧老师，我们会越落越远。所以他们不敢贸然脱离学校的教学进度去另起炉灶。直到某个特殊的时刻来临，家长和学生们才会幡然醒悟。这个特殊的时刻就是升学考试。

我在多年的教学生涯中经常能看到一个比较有趣的现象：入学之初，即便孩子已经明显跟不上老师的进度，家长们还是强迫孩子坐在教室里，乖乖地紧跟学校的进度，作业考试一样都不落下，但孩子的成绩却可能始终名落孙山。直到临近毕业考试，留给学生们的时间所剩无几，家长们才开始另起炉灶，找各种补习学校，给孩子们狂补。此时距离升学考试往往只有数月时间，三年的"新仇旧恨"积累到一块儿，往往压得孩子们喘不过气来。此时的恶补很大程度上是对家长们进行心理安慰，至于实际上能提升多少成绩，家长们也不会抱太大希望，只能是"尽人事，听天命"了。

这让我想起很久以前听过的"温水煮青蛙"的故事。人们常常用"温水中的青蛙"指代那些身处温和的险境却不自知的人。前面那些明知跟不上进度，却要死扛到底的学生和家长就是典型的"温水中的青蛙"。他们在可以解决问题的时候无动于衷，却偏偏在于事无补的时候奋力抢救，最终只能听天由命，这着实可悲。

如果我们秉承着"以终为始"的原则，就会发现事情并没有那么复杂，请仔细想一想，批阅你毕业试卷的老师，会不会问你平时做了多少作业？会不会问你平时参加了多少次考试？会不会问你平时是否紧跟老师的进度？换个角度想，我们做作业、参加考试、紧跟老师进度的根本目的是什么？

很多看似复杂的问题，如果转换一下背景，也许会变得简单起来。让我们假设一下，由于某种特殊的原因，你未能和其他孩子一样正常入学，只能在家学习，但是你却拥有和其他孩子一样参加考试的权利。在这种情况下，你会不会固守教材的先后顺序，一路向前地去学习？如果当你自学到后面的时候，却发现由于前面的某个知识点导致无法理解正在学习的知识点，你是继续学习，还是回到之前的知识点，把漏洞补上？

这些问题的答案看似不言而喻，可一旦把问题的背景放到学校层面，答案可能就会发生变化了。统一的教学进度和统一的难度设置必然会造成一部分人掉队。这并不意味着那些暂时掉队的人在智商上略逊一等，或者不太具备学好这个学科的能力。他们只是在理解方式和接受信息的节奏上与其他人稍有区别罢了。很明显，学校的教学节奏并不适合他们的习惯和接受方式。这就像两个跳舞的人，其中一个人的节奏和另一个人不合拍，结果被对方踩了脚。通常情况下，被踩脚的人会听到一声"对不起"。但是如果你是在学校里被"踩了脚"，你不但听不到"对不起"，还会被扣上"差生"或"掉队者"的帽子。虽然让这些所谓的"差生"停下来，弯腰系一下鞋带就有可能赶上大部队，但学校却很少会给这些"掉队者"弯腰系鞋带的机会。而这些鞋带松开的奔跑者最有可能的结果是摔倒在跑道上。

目的与手段虽紧密相关，却不能混为一谈。紧跟老师的教学进度，及时完成学校作业，只是我们提高成绩的众多手段之一，而不是唯一手段，更不是我们学习的目的。当一件工具无法帮助我们达到目标的时候，我们通常会放弃这个工具，寻找其他解决方案。当我们目前正在采用的学习手段只是不断地带来成绩下滑的时候，我们就应该果断后撤，另寻真正切实可行的解决方案。

打蛇打七寸

　　那些久攻不下的科目或者知识点就像一条条毒蛇，要想攻克这些难点，我们需要打蛇的七寸。

　　我偶然看到一档名叫《狂人奥斯汀》的节目。时下很多电视节目都把名字起得很花哨，以吸引观众的眼球。我原以为这档节目也是那种"危言耸听"的娱乐产品，但真正看过之后，才觉得奥斯汀完全没有愧对"狂人"的称号。

　　奥斯汀是何许人呢？简单地说，他是一名捕蛇专家。与那些用捕来的蛇换钱的人不同，奥斯汀捕蛇完全是出于个人的兴趣和爱好。而且，他捕捉的蛇类大部分都是毒蛇，比如令人闻风丧胆的眼镜蛇。

　　与大多数动物一样，我们人类的祖先通过遗传，把很多人类早期天敌的信息刻录在了DNA上。当我们看到这些天敌时，会不由自主地感到恐惧，即便这些所谓的"天敌"尚未触碰我们一根汗毛。蛇类便是这些天敌中的一种。很少有人不怕蛇，有些人甚至连看到蛇类的电视节目，或听到含有"蛇"字的发音都怕得不行。这种恐惧大部分来自先天。奥斯汀身为人类，且多次被蛇伤害，却能完美地克服这种恐惧，在没有任何防护措施的情况下悠然自得地捉着毒蛇，这实在是奇迹。

那些看起来凶恶无比的毒蛇一旦到了奥斯汀手里，就变成一个个温顺的、会蠕动的玩具。其奥妙在哪里呢？原来，奥斯汀每次用蛇叉叉住的部分都是蛇的要害，我们把这个地方叫作"七寸"。一旦蛇的这个部位受制，它便无力发起攻击。而当奥斯汀必须用手来拿蛇的时候，他总是捏住蛇的头部。这是因为绝大部分蛇类对猎物的攻击都需要依靠头部来完成。即便是远距离喷射毒液，也必须用头部对准猎物。因此，只要能确保毒蛇的头部不对准自己，奥斯汀就有把握不受毒蛇的伤害。

那些久攻不下的科目或者知识点就像一条条毒蛇，虎视眈眈地横卧在我们学习之旅的必经之路上。要想攻克这些难点，我们也需要借鉴奥斯汀的技巧，找出这些"毒蛇"的要害，然后才能将它们驯服。

假如你现在正读高二，而你的数学成绩却非常不好，在请了很多一对一老师为你补习后，你的成绩不但没有起色，反而出现了新的滑坡。这时候你该怎么办？是继续聘请家庭教师为你补习呢，还是放弃补习，紧跟着学校的进度走，还是干脆放弃数学，让它继续滑下去？

第一个和第二个选择显然是行不通的，如果补习老师都无法让你跟上进度，离开补习老师后你还能跟上学校进度的可能性几乎为零。第三个选择看起来是三种选择中最消极的，却也是现实生活中大多数学生实际做出的选择。一旦我们选择放弃了某个科目，这个科目的成绩必然越来越糟，最终我们也只能寄希望于其他科目，希望那些科目的超常发挥能帮我们挽回"瘸腿"科目中失去的分数。

如果我们真的选择了第三种办法，实际上并不是在解决问题，而是在回避问题。这就像用保守疗法治疗癌症一样，不开刀并不代表病灶已经消失，只是为了防止病情急剧恶化而放弃开刀而已。

如果你真的看懂了捕蛇狂人奥斯汀的故事，就应该明白，我们之前的努力之所以没有效果，并不是我们努力的程度不够，而是因为我们没有找到问题的要害。当你复习了高中学过的全部知识都无法提高成绩时，那说明问题的根源也许根本不在高中阶段。也许早在你上初中的时候问题就形成了。只是由于那时的试题难度过浅，或者这个相关的知识点很少考查，你才没有高度重视它。对于你来说，现在最需要做的事情就是，把初中的课本拿出来。

电影《无间道》中有一句很经典的台词："出来混，迟早要还的。"这句话不止适用于黑社会，也适用于每一个学生——"欠下的知识债务，迟早是要还的"。

读到这儿，有些人可能会背上沉重的心理包袱：我连高中课程都学不过来，难道还要额外花时间把初中课程全部学习一遍吗？

当然不需要这么做，这既无可能，也无必要。根据我们前面讲过的"二八法则"，真正对我们掌握新知识构成障碍的旧知识，只占全部旧知识的20%左右。即便是这20%的旧知识，也没有必要让我们主动出击。我们在什么时候补偿这些旧债，取决于它们什么时候妨碍到我们掌握新知识。一旦我们发现目前的学习障碍是由于过去的某个旧知识尚未完全掌握造成的，就意味着还债的时候到了。

因此，倒带式学习法的流程应该是"向前学习—遭遇障碍—向后追溯—找到根源—偿还旧债—解决问题"。在这一学习方法中，最重要的环节是"向后追溯"。不要在你怎样都弄不懂的地方一味纠缠，一旦发现障碍，就立刻向后追溯，如果发现与之相关联的知识点还是不懂，就继续向后追溯，一直追溯到你能独立弄懂的地方为止。

"打蛇的七寸"除了能帮助我们"偿还旧债"，还能帮助我们极大地提高成绩。

我们都有过解开缠绕在一起的线团的经历。那些乱糟糟的线团会让缺少耐心的人肝火旺盛。但是，拥有足够耐心的人却能够避开线团乱糟糟的部分，从它们还尚未纠缠在一起的地方开始研究，他们会厘清是哪些线以什么样的方式纠缠在一起，才导致了这种乱糟糟的局面。没有人能够在线团最纠缠不清的地方解开疙瘩，只有那些善于向后追溯的聪明人才能破解谜题。

捕捉毒蛇、解开线团、做题，这三件事情看似不同，却在本质上有着相通之处。这些问题的解决都需要找到关键点：捕捉毒蛇需要找到它的"七寸"，解开线团需要找到线团尚未混乱的部分，而解决学习上的难题则需要找到介于掌握和未掌握之间的地方。

这不仅是解决问题最有效的方法，同时也是最有效率的方法。心理学家曾经让三组大学生记忆外语单词。其中，第一组面对的是他们之前从未接触过，且与他们之前学习过的单词并无太多关联的全新单词；第二组面对的则是他们以前在阅读理解中曾经遇到过却没有刻意去记的单词；第三组是对照组，他们面对的单词是前面两组单词的混合。实验的结果是：第一组的记忆效率和效果在三组中最差，第三组次之，第二组最好。在此之后，心理学家又拿了多组类似的其他学科的材料做实验，结果都差不多。

实验证明，那些介于掌握和未掌握之间的学习材料是最容易被记忆和理解的。如果学生能够把自己的时间和精力都花费在这些"半成品"的学习材料上的话，他们的学习效率至少能提高40%。不要小瞧这个看似平淡无奇的数字，如果一个学生能始终以这样高的效率进行学习的话，他将在两年内轻松掌握原本需要三年才能学完的课程。想想看，如果你能够在初二或高二的时候学完初中或高中三年的课程，那意味着什么？

要做到这一点并不容易。超过90%的情况下，那些能够让你最有效率地学习的材料并不是老师们眼下正在讲的东西，也并不是你正在看的东西。它们像钻石一样深深地埋藏在地下，等待着你去发现它们。老师们不会告诉你介于掌握和未掌握之间的"半成品"知识在哪里，你买过的那些教辅书也无法告诉你，就连你身边最要好的同学也无法在这个问题上帮助你，因为这个问题的答案并不在世界上的其他地方，而在你自己的大脑里。没有人能比你自己更清楚你已经掌握了什么，还有什么没有掌握，更没有人能清晰地看到那些介于掌握和未掌握之间的灰色地带，除了你自己。

升学和毕业常常会给我们制造一种假象，好像只要升了学、毕了业，我们就具备了相应的知识水平，其实不然。实际上，那些我们原来欠下的知识债务并不会随着我们年级的升高自动消失。相反，它们会一直成为我们前进路上的定时炸弹。每当有新知识与之相关联的时候，它们就会被引爆。更糟糕的是，由于相隔太久，当我们遇到新问题的时候，常常不会意识到这个所谓的新问题实际上是由一个相隔数年之久的老问题引发的。

这时候，我们应该暂时停下脚步，追根溯源，找到阻碍新知识掌握的旧知识点，理解透彻，"偿还旧债"，再无后顾之忧地勇往直前。

10

第十章

绘制属于你的思维导图

左脑理性，右脑情感，我们在学习过程中更习惯用到左脑。但如果尝试着激发右脑，让左右脑协同为学习加速，结果又会是怎样呢？

知道自己欠缺什么吗

我们现在所接受的学习主要是在利用我们的左脑，那些善于利用右脑的学生将有机会以得天独厚的优势获得高分，因为右脑能帮我们联结知识点，看清学习的全貌。

"这个世界上总是有些家伙比我们更聪明。他们也许就是传说中的天才，无论我们怎么努力，也无法达到和他们一样的成就。"

你也曾这样想吗？那我告诉你，你上当了。世界上被称为"天才"的人有90%以上都是很普通的人。而货真价实的天才却往往被误解为蠢材和疯子。比如少年时代的爱因斯坦，比如几乎被人遗忘却曾对人类做出巨大贡献的尼古拉·特斯拉。我们通常所说的"天才"，往往是那些善于发挥自身优势、掌握了正确策略的人。

英国有一位记忆超人，名叫本·普里德莫尔。他能当场背出在超市里随手取出的商品条形码，这让超市的收银员和围观的顾客目瞪口呆。他能在23秒内记住一副扑克牌。要知道一副牌共有54张，23秒意味着他记忆一张牌以及顺序的时间还不到0.5秒。这是人类已知的记忆扑克牌的最快速度。

如果看过普里德莫尔的记忆表演录像，你肯定会认为他是个不折不扣的天才，正常的人类不应该拥有这种过目不忘的能力。但是你错了。这项本领并不是天生的，而是后天的大量训练带来的。事实上，这位记忆超人在二十多岁的时候还是一个十分平庸的小伙子。普里德莫尔自称经常忘记刚刚背过的笔记，也常常把钥匙忘在家里就把门在外面带上。但是，自从他接触了一种神奇的学习方法之后，他的记忆之门就被打开了。我们在电视上看到的惊人的记忆过程只是一种技巧罢了。记忆超人与普通人唯一的区别是：他们不但知道这种技巧，而且练习得比其他人更努力。

讲到这里，你一定很想知道这种技巧究竟是什么。

毫无疑问，这项技巧不但是记忆超人的成功秘诀，而且也是我所见过的大多数学习优异的孩子正在使用的学习工具。

我把这件工具称为网状知识系统。我们可以用任何名称去称呼它，这无所谓，也丝毫不影响我们对它的使用。掌握这项工具并不需要很高的智商。事实上，人们对一个学生聪明与否的判断很大程度上会受到这项工具的误导。当人们夸奖一个学生很聪明时，大半是这个工具在起作用。

想想看吧，当考场上的我们还凭借运气在脑海中胡乱搜索与试题有关的东西时，那些学习高手的大脑里已经浮现出数套解决方案以供选择。他们几乎在一转眼的工夫里就甩开了我们，即便我们书写如飞，他们慢悠悠地写，我们还是赶不上他们。这一切只因为他们的大脑里有一张网。

在心理学界，有一个广为流传的测试题，我想请你做一下。

请你对以下三个名词进行分类，你可以把其中任意两个名词分在一组，而将另一个名词单独设置为一组，你会如何选择呢？这三件东西分别是：牛、狗、草。

你已经做好选择了吗？如果是的话，请继续往下看。

如果你选择将牛和狗归为一类，你在生活中很有可能是倾向于用分析来解释事物的人。通过对牛和狗的分析，你发现二者从大的类别来看都是动物，从而把草划归到另一类——植物。

习惯于分析事物的人在观察事物的时候，眼前好像放着一个放大镜，他们会对事物表面的细节非常敏感。如果他们来到一片森林，他们首先看到的并不是森林的全貌，而是某一棵恰好映入他们眼帘的大树。他们会关注这棵树的粗细、高矮、叶子的繁茂程度以及树龄，却不会过多关注这棵树与其他树的关系。如果"分析者们"发现一棵树很矮，他们会记下这个特征，却很少去考虑这棵树过矮是否和周围树木过于高大有关系。

如果你选择将牛和草归为一类，说明你在生活中很有可能是倾向于用综合思维来解释事物的人。因为牛吃草，它们构成了一个简单的生态系统。而狗既不吃草，也不常和牛一起生活，被单独划为一类。拥有综合思维习惯的人与前一种人正好相反，他们在观察事物的时候，眼前好像总是放着一架望远镜。他们更喜欢从宏观的角度观察事物，而不是揪住细节不放。如果他们来到森林，他们首先看到的应该是整个森林的全貌。如果他们身边有导游，他们会详细询问森林的地形，甚至要一份地图。除非他们对这片森林的轮廓和大致的地形分布有了基本的了解，否则他们不会有兴趣去近距离地观察某一棵树。

仔细看看上面两段描述，你会发现自己的思维类型。如果仔细观察周围的人，你会发现你身边的大多数人都属于前者，也就是分析型思维的人。这两种思维方式的差异在本质上是用脑方式的差异，而用脑方式的差异又源于左右脑分工的不同。

人类的大脑分为左右两个半球。它们之间通过一座单薄的桥梁——胼胝体连接在一起。当它们协同工作的时候，我们几乎感受不到左右脑工作方式的差异。这就像我们用双眼观察事物的时候，很难分清哪些东西是我们的左眼看到的、哪些又是右眼看到的。

　　但事实上，我们的两侧大脑是可以独立工作的，就像我们的两只眼睛也可以独立工作一样。心理学家斯佩里教授曾经做过有名的"割裂脑"实验：他把连接病人左右大脑的胼胝体切开——这意味着病人的左右脑将独立工作。

　　随后的实验过程就连斯佩里都觉得不可思议。被切断左右大脑连接的病人表现得就像人格分裂患者，更确切地说，是行为分裂患者。他们很可能用左手伤害自己的妻子，而右手却在死死地抓住左手，试图阻止这种伤害。这种情形一般只会在电影中出现，但是斯佩里却将它变成了现实。

　　斯佩里向割裂脑病人的左右两眼分别呈现"帽"和"带"两个单词。由于呈现时间非常短，只有0.1秒，所以病人的眼球根本来不及移动，这确保了病人的左右眼无法看到对侧的单词。当斯佩里要求病人说出自己看到的单词时，病人只能说出"带"这个单词。当进一步要求病人说清是什么"带"时，病人只能凭借想象胡乱猜测。但是，当斯佩里让病人从一堆物体中寻找与他看到的单词对应的物体时，病人竟然毫不费力地找对了。

　　斯佩里的实验不但证明了左右脑可以独立工作的事实，更充分说明了二者工作方式的不同。

　　在我的上一本书《画出好成绩》的彩页中，有一个关于左右脑分工的小游戏，游戏是这样的——屏幕上写着许多与颜色有关的字，比如"红""黄""蓝"之类。这些文字都被涂上颜色，但这些颜色都与它们的字面意思不同，比如"红"字是用蓝色涂写的。游戏的规则是参与者要不假思索地说出这些字的颜色。

　　这听上去很简单，是不是？如果亲自玩一玩这个游戏，你就不会这么想了。有超过三分之二的参与者会在前十个字读完之前犯错。当参与者们犯错时，他们目瞪口呆的神情好像在说"为什么连这么简单的事情我都会做错"。

　　在这个游戏中失误并不代表一个人的智商低，恰恰相反，从某种意义上讲，犯下这样的错误正是左脑使用过于频繁的表现。

　　在左右脑分工中，左脑通常负责逻辑、数字、语音以及分析性事务，而右脑则负责画面、颜色、音乐以及综合性事务。我们前面所说的两种思维类型其实就是偏重左脑和偏重右脑的差异。通常情况下，左右脑会协同合作，帮我们处理好日常事务。但是，这对孪生兄弟也并不总是配合默契。比如，当我们学唱歌的时候，往往最先记住的是歌曲的旋律，歌词却常常被忘记。其中，记忆旋律是右脑的职责，而记忆歌词则是左脑的任务。在这次比赛中，右脑以压倒性的优势跑在了左脑前面。再比如，我们结识陌生人，最先记住的往往是对方的脸。而当我们在以后的某个场合再次见到他的时候，很可能记得自己见过这个人，却无法叫出这个人的名字。这次比赛同样是右脑获胜。

然而，一旦我们来到学校，右脑就没有那么强势和幸运了。我们学习的大部分书本知识都与左脑密切相关，右脑被使用的程度远没有左脑那么高。当这种思维方式被不断强化后，我们的学校就培养出一大批偏重左脑的学生。当这些学生走出校园、进入社会后，在学校里养成的思维模式仍然会发挥作用，右脑的功能仍然在某种程度上被压抑着。

使用左脑没有错，但过分偏重左脑，忽视右脑会造成和偏食一样的后果。这其中最严重的后果是，我们的学生太习惯于拿着放大镜看东西，这导致他们一开始看到的全是树木。茂密的树林让他们头晕目眩，他们搞不清楚自己已经走到了哪里，距离终点还有多远，无论他们见过多少棵树木，也无法形成了然于心的自信。当这其中极少数非常努力的学生见过了所有树木，并形成了对整个森林概貌的了解后，他们已经要走入考场了。他们错过了在知识的关键点间形成重要连接的最佳时机。

并不是所有人都会成为左脑式教育的牺牲品。无论是过去、现在还是将来，总会有些学生另辟蹊径，他们不肯循规蹈矩地跟着老师观察树木，稳稳地架在他们大脑中的望远镜让他们在一开始就想了解整个森林。由于缺少老师的引导，想清晰地看到整个森林在一开始几乎是不可能的。但是起码他们能观察到这个森林的概貌，他们能了解到森林里究竟有多少条道路、哪些道路贯穿整个森林、哪些道路只走到一半就消失了。他们还知道哪些地方的树木最茂密，而哪些地方的树木比较稀疏……

　　拥有了网状知识系统这张神奇的网，我们的大脑就好像安装了一台装满知识路线的卫星导航。尽管我们并不了解每一棵树木，却可以充满信心地前往森林里的任何一个地方。这种信心可以凭借网状知识系统的不断丰满而日益强化，并最终转化为令人羡慕的分数。

　　这就是成绩好的学生的秘密武器。利用这种武器，可以规避左脑式教育的固有缺陷，从一开始就占据整个知识体系的制高点，这也正是成绩好的学生略胜一筹的原因所在。如果我们希望加入到他们的行列中，就必须掌握这种秘密武器。

思维导图

网状知识系统有很多种类和形式，但是在众多网状知识系统中，我认为最神奇、最有用的，是思维导图。

一个成年人的大脑大约有1500克，和一台最轻薄的笔记本电脑重量相当。但它的功能和复杂程度却超过了世界上已知的最先进的计算机。更神奇的是，它的能耗极低。换算成功率的话，人的大脑消耗的能量仅相当于一只10瓦的灯泡。想想看，仅仅耗费一只灯泡的能量就能做到超级计算机都做不到的事情，这实在是太不可思议了。

造就如此神奇效果的关键是大脑的基本组成单位——神经元，也就是我们通常所说的脑细胞。我们的一切思维活动都是在这里完成的。当我们看书、做题的时候，这些神经元在工作；当我们走路、开车的时候，这些神经元在工作；当我们发微博、玩游戏的时候，这些神经元还在工作。神经元不会分辨我们正在做的事情是正经事还是休闲娱乐，无论我们思考什么、做什么，神经元都以相同的方式工作。

单独一个神经元什么也做不了，如果我们把大脑中的某一个神经元隔离开来，不让它与其他神经元联系，它将再也不能为我们做事，存储在这个神经元中的信息会被遗忘。原本由这个神经元完成的功能将由其他神经元替代。经过一段时间的隔离，这个神经元的树突和轴突都会萎缩，用不了多久它们便会凋亡。

脑细胞在生存方式上与社会性动物有几分相似，它必须和同类充分联系在一起，才能存活下来。在大脑的世界里，单打独斗的个人英雄主义注定是死路一条，彼此相互连接才是唯一的生存之道。

从大脑储存信息的方式看，无论是化学课上学习的反应方程式，还是历史课上学习的重大历史事件，抑或是英语课上刚刚背下来的英语单词，它们都不是孤立地被存储在某一个脑细胞中。每一则信息，哪怕在我们看来是非常微小的信息，也会被不同的脑细胞分别存储。这些信息中的某些线索会作为激活符号被脑细胞存储起来。当我们遇到相关的情境或者问题时，首先是脑细胞存储的线索被激活，然后是相关的一系列信息被启动，进而被拼成一幅完整的图像。这个过程虽然很复杂，但发生的速度却很快，电光石火之间事情就完成了。我们甚至不会感觉到我们的回忆和思考经历过任何步骤。

这和点燃鞭炮的过程有几分相似，我们先是点燃引线，燃烧的引线把能量传递给最接近的火药。接下来，能量在火药之间依次传递，直到空气的体积迅速膨胀，发生爆炸。转瞬之间发生的爆炸并不是所有火药同时释放能量的结果。离开了火药之间的彼此联系，爆炸将无法发生。

大脑在工作时也是如此。在我们看来一瞬间就被想起的事情，其实并不是所有脑细胞同时工作的结果。那是成千上万个脑细胞彼此相互激发，并传递电信号和化学信号的结果。如果脑细胞之间相互激发以及信息传导会产生亮光的话，那么我们会看到自己的大脑时时刻刻都像黑夜中的烟花一样璀璨。

一个新信息之所以能被我们铭记，未必是因为不断地重复——那些需要不断被重复才能暂时记住的东西往往很快就会被遗忘。从长时记忆的形成过程来讲，最可靠的记住一个信息的方法是——将新信息和已经牢牢扎根在大脑里的旧信息联系起来。这种联系越牢固、越是多元化，新信息被记住并被随时提取的可能性就越大。这才是记忆的本质，记忆就像一张大网。所有看似不相关的信息都因为彼此联系才牢牢地被记住。一旦某个信息离开了这张网，脱离了这种联系，也就意味着它将被遗忘。

总的来讲，人的大脑细胞就像蜘蛛网上的一个个节点，而它们放射出的树突和轴突则像蜘蛛丝，这些蜘蛛丝和节点把整个大脑连成一个巨大的网络。成人的大脑拥有1000亿个脑细胞，平均每个脑细胞可以和周围的10000个脑细胞发生连接。整个大脑能够形成的神经连接数量是一个惊人的天文数字。以人类有限的生命而言，如此庞大的神经连接无疑是无法全部被用到的，即便能使用到1%，也十分了不起了。所以，我们永远无须担心自己的大脑会被装满。它的信息存储能力几乎是无限的。这要感谢我们大脑中的网状结构。

现在，你大概可以猜到，为什么我会把网状知识系统称为学习成绩好的学生的秘密武器了。没错，它之所以有效就是因为顺应了大脑的工作方式。用大脑最熟悉、最自然的方式去使用它，大脑的工作效率自然比平常会高出许多。

正如前文所说，网状知识系统有很多种类和形式，其中，我最喜欢、使用时间最久的，是思维导图。我接触这项思维工具完全是由于偶然。

1998年，一本叫作《学习的革命》的畅销书闯入我的眼帘。在这本书里，我第一次接触了思维导图（当时在书中被称为脑图）。在第一眼看到思维导图时，我就有一种强烈的直觉，这就是我一直想要的东西。

为了更深入地了解这种思维工具，我跑遍了省城的各大书店，结果也没有找到与思维导图相关的著作。

就在我为此沮丧的时候，一个好心人的指点让我来到了省图书馆。在这里，我终于见到了传说中的思维圣经——由思维导图发明者托尼·巴赞所写的《思维导图》。为了不影响他人借阅，我从伙食费中省下钱，复印了整本《思维导图》，并用鞋带把它们串起来，反复研读。在不断地思考和实践中，我找到了打开大脑的金钥匙，发现了埋藏在大脑深处的能量。当一本本教材化作一张张思维导图的时候，我不但感受到了学习的乐趣，还轻松地通过了考试。这让智商平庸的我看到了希望：如果使用正确的工具，即便是平凡的人也可以做到不平凡的事情。

巴赞的原著虽然经典，阅读者却并不容易抓住要点。很多读者在第一次读的时候都感觉摸不着头脑。更重要的是，他的大部分书也并不是专门为学生写的，因此针对性不强。作为一名教师，我有义务让更多学生了解和掌握这种学习方法。我希望更多人能够让大脑按照它本来习惯的方式思考，而不是在人类自己制作的思维牢笼里逡巡。

2009年，我出版了自己的学习方法专著《画出好成绩——用思维导图提升分数》。这是国内第一本由一线教师写出来的思维导图学习法著作。图书上市后引起了广泛而热烈的反响。很多家长和学生都写信告诉我，他们通过阅读这本书不但获得了快乐，更获得了意想不到的分数。比较有意思的是一位来自四川省成都市的高三学生家长。他当初买这本书只是希望对女儿有用，结果在陪着女儿画思维导图的时候，他自己也喜欢上了。正好单位组织职称考试，他就试着把考试的教材画成了思维导图。结果他在比别人晚复习很久的情况下顺利通过了职称考试，并特意写来感谢信。

如今，因这本书而受益的读者已经遍布祖国大江南北。南至海南岛，北到大兴安岭，西起乌鲁木齐，东至福州，都有《画出好成绩》的忠实读者。

思维导图到底有多神奇？关于这个问题，我在《画出好成绩》中已经充分阐释过。有鉴于本书并非专门讲思维导图的著作，在这里我们只简单介绍一下思维导图的基本思想和使用方法。如果从前并未接触过思维导图，不妨上网查阅相关资料，先对它有个基本了解，再接着看下面的内容。

首先，我们要知道，思维导图是一种工具。既然是工具，它就是为你服务的。尽管一会儿我会说到一些具体的绘制规则，但是如果你有充分的理由不那么做，你也可以按照自己喜欢的方式来。只要不违背最基本的原则，其他部分都可以任你发挥。

其次，思维导图不仅仅是一种工具，它更是一种思想。如果你只是单纯模仿思维导图的样式，却不了解其蕴含的思想，那么你的学习和生活不会有太大的改变。认为思维导图没有太大作用的人大都是在这里陷入了误区。思维导图是否能够发挥其应有的威力，在很大程度上取决于你贯彻这些基本思想的程度。

接下来我们就介绍一下这些基本思想。

思想一：浓缩的才是精华

我相信很多人之所以熟悉这句话是因为潘长江的那个春晚小品。虽然这句台词在小品中只是玩笑话，但是在学习的世界里，它却是千真万确的真理。在课本为我们提供的全部信息中，真正有用的信息只是一小部分。极端一点说，在我们的课本里，充斥着各种看似有用的废话。如果没有勇气无视那些废话，把真正有用的信息浓缩出来，我们即便累死都不知道是怎么死的。学习思维导图的第一步就是要学会删减信息，并且最大限度地浓缩那些有用的信息。我们通常把这个步骤称为提炼关键词。有时，我们会用一个关键词代表一句话；有时，我们会用一个关键词代表一个自然段；有时，我们甚至会用一个关键词代表一本书。根据我们绘制思维导图的不同目的，我们选择的关键词也会不同。但这种选择背后的思想是一致的：要尽最大努力压缩和精简信息。

思想二：一开始就要看到森林

如果你来到一座陌生的城市，想去一个地方，却不知道路，你会怎么做？

没错，你可以买一张地图。

这和我们在学习中遇到的情况是基本一致的。和地图在功能上比较接近的，是我们教材的目录。虽然它只能提供一些最基本、最概括的信息，但对于初学者来说，这些信息已经足够了。它相当于一本书的骨架，全世界几乎所有速读教程都会提到对目录的使用。阅读高手们是从来都不会放过目录这个宝贵资源的。

目录为什么如此有用？因为它会引导我们进入系统思考的状态。在目录的指引下，我们从一开始就能看到整个森林。这也是学习思维导图最重要的一个环节。思维导图本身就是引导我们建立系统思维的工具。但是，如果我们能有意识地运用系统思维，思维导图将能够发挥更大的功效。

很多人担心，连一页具体的内容都没读就去了解整本书的结构，能有多大用处？我的答案是，仅仅是仔细研究一本书的目录，并绘制出精确的思维导图，其收获就和囫囵吞枣地读完整本书相当。如果你对此心存疑虑，可以试一试，结果会让你大吃一惊的。事实上，很多人在囫囵吞枣地阅读一本书后，只是自认为把这本书"读完了"。书中的大部分细节都会被遗忘，甚至在阅读时就已经被遗漏，其真正吸收到大脑里的信息恐怕不见得比目录提供的信息多多少。

目录相当于蜘蛛织网时织出的主线。主线本身无法阻挡任何昆虫的脚步，却可以为下一步的织网打下坚实的基础。目录本身也许永远不会被考查到，这也是很多人认为其无用的原因。但是，它所代表的知识框架却可以让我们理清思路，明确自己的方向，为下一步学习更具体的知识打下坚实的基础。所以，俯瞰整个森林不应该是我们学完了所有知识之后才去做的事，而是在一开始就要做的事。

思想三：让右脑多干点活儿

在做思维导图培训的时候，很多人都问我思维导图和传统的括号格式的框架结构图有什么区别。如果单纯从内容来看，一个全文字的思维导图可以转换成括号格式的框架结构图（当然，这可能需要相当大的空间），一个括号格式的框架结构图也可以画成思维导图（虽然这常常会导致导图的分支变得极度臃肿），二者的差异并不是很大。起码从左脑的角度看是如此。

但是，如果我们从右脑的角度看待二者，就会发现很多区别。我们小时候都曾经观察过天空中的白云，那些不规则的云朵在我们想象力的加工下，有可能变成一头狮子、一座宫殿、一条白龙或者是一个扫把。这种图形识别功能是在右脑的参与下完成的。人类似乎天生有将不规则图形转化成我们熟悉事物的能力。思维导图本身就是一组不规则图形，即便你连一个具体的图形都没画也是如此。如果你用笔将它的轮廓包裹起来，它就变成了天上的一朵白云。

当我们的右脑看到思维导图的时候，会很自然地把它作为一个完整的图形记忆下来。人类记忆图形的能力和记忆文字的能力是无法相提并论的。学过右脑开发课程的人应该非常清楚这一点。即便你忘记了思维导图中的某些内容，但是那朵白云的轮廓往往会提醒你，被你忘记的部分究竟是什么。而传统的括号格式的框架结构图并不具备这样的特点。我们通常不会把它识别为图形。如果我们想记住它，就只能依靠左脑。

请注意，我并没有否认左脑在我们学习中的作用。作为专精于语言和文字的大脑半球，左脑是我们通往学习之路的主力军。离开了左脑，学习将无法想象，但是仅凭左脑是无法实现高效率的学习的。我们右脑的功能被利用得太少太少，如果我们希望思维导图帮助我们更好地记忆和理解我们所学的内容，就必须尽可能地让右脑多干点活儿。具体方法就是多画图，多使用颜色，让线条更优美、流畅，让整张思维导图更像天空中的一朵云。

在运用思维导图构建网状知识系统前，需要先了解思维导图的基本思想。首先，要用简练的文字概述出有代表性的"结点"；其次，要理清"结点"之间的关系，要有清晰的知识结构框架，这时候可以借助教材目录来达成目标；最后，要把整理出的知识脉络尽量往图形化靠拢，启动右脑来帮助记忆。

做好上面三个注意事项，思维导图才能真正发挥作用。

绘制思维导图

思维导图之所以比传统的括号格式的框架结构图更有用，是因为它能促使左右脑同时记忆。而促使左右脑同时记忆的奥秘，就藏在它的绘制过程中。

在正式绘制思维导图之前，我们需要完成一些必要的准备工作。

首先，要准备一张A4大小的白纸。根据绘制思维导图的内容不同，纸张的大小也不一样。如果是以章节或课时为单位去绘制思维导图，A4纸已经足够了。不过如果是以一本书，甚至是以一个学科为单位去绘制思维导图，那么A4的纸就有些小了，我们可以选择A3，甚至是A2的纸张。最开始绘制思维导图最好从小尺寸开始，当熟悉了如何在一张A4纸上画思维导图后，你才可以轻松自如地在更大的纸上作画。需要注意的是，绘制思维导图最好使用完全空白的纸张，不要选择那些有横线或格子的纸。选好纸张后，请把它横放，因为这与我们人类的自然视野是一致的，而且大脑更容易把横放的符号识别为图形。

其次，还要准备好笔。黑色中性笔是绘制线条和书写关键词的最佳工具。但上色和画图就不是它的强项了。因此，还要准备彩笔。彩笔的颜色数量不限，不过最好不少于七支。

最后，还要准备一颗轻松的、怀有童趣的心。别把画思维导图当成一项不得不完成的任务，它就是一个游戏。在本质上，画思维导图和你在课桌上信手涂鸦没有什么分别。如果你习惯了用画图来表达自己的思想，你会真正从绘制思维导图中找到乐趣。

以下是我在教学研讨讲座开始前绘制的一幅思维导图。也许作为初学者的你会觉得这幅图有点抽象和复杂，这是因为你还没有习惯用右脑看事物。绘制它需要多久呢？猜猜看？

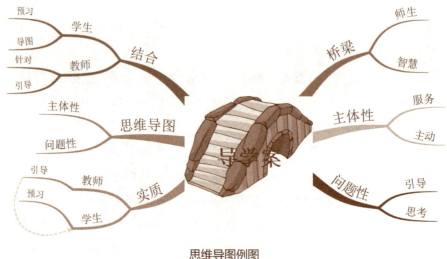

思维导图例图

从构思到完成，这张图总共用了我10分钟左右。无论是这幅思维导图，还是比这更复杂的思维导图，仅仅需要5个步骤就可以绘制完成。

这五个步骤分别是：

第一步：画主题。

第二步：找关键。

第三步：理分支。

第四步：画图。

第五步：上色。

接下来我们就说说在这五个步骤里我们应该做些什么。

第一步：画主题

画主题是思维导图的第一步，也是十分关键的一步。一张思维导图，最先动笔的部分是主题。阅读的人最先映入眼帘的，也是主题。其他所有分支都围绕主题展开，为主题服务。所以，选择好主题，是非常重要的事情。

一幅思维导图只有一个主题。只有确定了唯一的主题，注意力才会集中，记忆效率才会高，学习效果才会好。

首先，要把主题缩略为一个尽可能短的词语。选择主题关键词的方法有很多，不过最常见的切入点是文章或者章节的标题，因为这个标题往往已经包含了该部分学习内容的最主要信息。

接下来，要把这个关键词转化成为图形。如果你的主题是历史课里的"二战"，你就可以用画有纳粹符号的战斗机作为主题图形。如果你的主题是数学课里的"排列组合"，你就可以画上几排小人作为主题图形。将关键词转化为图形的过程中，最需要的不是你的知识和逻辑分析能力，而是你的想象力。只要你的想象力足够丰富，你就一定能找到合适的图形来表达你的思想。

第二步：找关键

所谓"找关键"即寻找文中的关键词。一般来说，任何信息（课文、笔记、辅导资料、习题）中都会有一些比较重要的、能够成为整个信息骨架的词语，我们把这些词语称为"关键词"。关键词和非关键词有什么区别呢？

初学者在寻找关键词时问得最多的就是这个问题。

很简单，如果你把一个词从句子中去掉，却不妨碍你对这句话的正确理解，这个词就一定不是关键词。如果你把一个词从句子中去掉，却发现自己没有办法再还原出这句话的原意，这个词就是关键词。

通常情况下，寻找并选择关键词并不难。但有的时候，在句子的成分和结构过分复杂的情况下，对关键词的选择就变得困难起来。为了让思维导图变得尽可能简洁，有必要在众多关键词中选择一个最有代表性的作为分支关键词。而选择的标准就是你的复述效果。当你能够仅凭一个关键词联想起其他关键词，并复述出它所在句子的原意时，这个词就可以作为唯一的关键词而存在。

有的时候，我们很难从文章中找出现成的关键词，这个时候就需要自己创造一个关键词。创造时依据的标准和挑选关键词是一样的：要让这个词成为你复述或回忆整段意思的有力线索。

第三步：理分支

这是思维导图绘制中最烦琐，也是最考验脑力和耐心的一个环节。常言道，亲戚有远近，朋友有厚薄。同样是关键词，它们在思维导图中的地位和作用不同，其所处的位置自然也不一样。总的来讲，与主题关联越密切的关键词，其位置就应该离主题越近，其层级就应该越高；而与主题关联越远的关键词，其位置就应该离主题越远，其层级就应该越低。在实际画导图的时候，要先画与主题关联最密切的第一级分支；然后以第一级分支为中心，把与它们直接相关的关键词画在第二级分支上；然后再以第二级分支为中心，画第三级分支……这样，思维导图就形成了一个由中心到四周的网状结构。

画分支的时候，不但要把关键词写出来，还要紧贴着这些词的下面画上线条。这些线条要确保本级关键词和其他级别的关键词紧密、直接地连在一起。比如，第一级关键词下的分支线条，就应该是一边与中心主题相连，另一边与第二级关键词的线条相连。而第二级关键词的线条则应该一边连着第一级关键词的线条，另一边连着第三级关键词的线条，以此类推。当你画好一张思维导图后，如果涂抹掉所有关键词，这些线条应该形成一张连贯的、没有丝毫中断的网。

为了突出不同层级关键词的地位，我们还会设置不同关键词下线条的粗细。其中，第一级关键词的分支线条是最粗的——因为它们与思维导图主题的关联最密切，而第二级分支则要相对细一些。层级越低，线条就越细，以显示它们在导图中的地位以及它们与主题的关联程度。

第四步：画图

关于为什么一定要在思维导图中画图，我已经在前面介绍过了。简单地说，为了弥补过分偏重左脑的教育带来的缺陷，为了更好地释放我们大脑的潜能，为了提高我们的记忆力和学习效率，我们必须把右脑最擅长的图形识别模式纳入到思维导图之中。

除了刺激右脑之外，画图还能让我们感受到乐趣。这种乐趣在我们上幼儿园的时候就感受过，但随着年龄的增长，除了选择绘画作为专业的学生，大多数学生通过绘画感受快乐的机会越来越少。偶尔我们实在无事可做的时候，也会在课桌上、试卷上甚至是教室的墙壁上画些小人画。我们通常把这种行为叫作涂鸦。思维导图的"画图"环节就是涂鸦。它有别于专业的绘画。没有人会在意你画得有多好，只要你自己能认出自己画的是什么就可以。我们追求的是将思想转化成图形的过程，而非结果。从我多年绘制思维导图和指导别人绘制思维导图的经验来看，图画得越丑的部分，我们反而记得越牢固。这大概是因为糟糕的涂鸦恰恰激发了我们的情绪。

情绪是引发长时记忆的最有效的催化剂。正常情况下，我们需要将记忆材料重复5～7次才可能对抗遗忘。而强烈的情绪刺激只需要一次就可以让记忆维系终生，想忘都忘不掉。所以我非常在意绘制思维导图的过程中情绪的投入。如果你在画图的时候感到快乐，你的大脑会分泌更多的多巴胺，你的情绪记忆高速通道会被打开，你的记忆和学习效率会更高。

在强调画图带来好处的同时，我必须强调我们需要为此付出的代价——时间。尽管在将关键词转化成图形的过程中我们可以获得各种益处，但我们还是需要花费足够的时间来绘制它们，更不用说我们在思考选择哪些图形以及怎样画的时候所花费的时间。所以，你也就能理解为什么我在前面草绘的思维导图中使用的图形都那样简单——因为这样比较节约时间。

当然，这不是节约时间的最好办法。如果你打算把每个关键词都画成图形，无论你构思和绘制得有多快，都会耗费非常多的时间。关键是要考虑好把哪些关键词画成图形。

我的建议是，中心主题关键词必须画成图形，因为这关系到大脑是否能够把整张思维导图当作图形来记忆的问题。第一级分支尽量使用图形，因为这是你记忆的主干和主要线索。第二、第三级分支以及以后的分支中，要选择那些特别重要的，以及难以记忆的分支画成图形，其他部分可以使用文字。

这样一来，我们既可以最大限度地利用画图给我们带来的好处，又不会花费太多时间。

第五步：上色

这是绘制思维导图的最后一个步骤。在前面一个环节，我们讨论过情绪对于记忆的影响。而颜色是可以直接对人类情绪产生影响的重要因素。这一点早已被心理学所证实。比如，红色使人情绪热烈、饱满，在求爱时我们常常要借助红色的帮助，在情人节买红玫瑰就是这个道理。黄色使人兴高采烈，充满喜悦之情。绿色表示平和，使人心情平静。蓝色使人心胸开朗。灰色使人压抑、郁闷。黑色使人感到庄严、肃穆、悲哀。每一种颜色都代表某些情感。善用颜色可以让我们的思维导图充满各种"情绪按钮"。这些"按钮"不但会在我们记忆导图的信息时发挥巨大的作用，更会在我们回忆这些信息时助我们一臂之力。

尽管我们对颜色和情绪之间的关系做了如上说明，很多初学者可能还是不敢确定应该使用哪一种颜色。如果你在画导图时因为颜色的选择而困惑，请牢记一个原则——"联想"。一个分支选择使用什么颜色，完全凭借你对它内涵的理解和联想。比如对于那些带有理性色彩的分支，可以使用深蓝色作为分支颜色。对于那些带有强烈情感色彩的分支，可以选择红色。对于与金钱或财富有关的分支，可以选择黄色。如果你实在没有办法联想出分支和颜色的关系，也可以根据自己此刻的心情分配一种颜色。

为了不导致思维导图的混乱，在一个完整的分支里我们只使用一种颜色。这就是说，如果你在思维导图的第一级分支使用了蓝色，那么随后的第二级分支、第三级分支以及以后的所有分支都需要使用蓝色。这就是使用颜色的技巧。

和任何游戏一样，思维导图也有它自己的规则。思维导图的初学者往往因为不了解这些规则而犯下错误，从而影响导图使用的效果。所以，我们必须了解导图的绘制规则。

规则一：绘制顺序和布局

认真阅读前文的读者应该发现，我们绘制思维导图分支的时候，是按照一定顺序进行的。虽然思维导图本身是发散式的结构，但是如果我们自己没有一个固定的绘制顺序，在阅读思维导图时就会陷入混乱。

每位思维导图的绘制者都有保留自己特有的绘制顺序的权利，但是就大多数思维导图绘制者的习惯而言，我们一般是从1点钟的方向开始绘制思维导图的第一个分支，并按照顺时针的方向依次排列后面的思维导图分支，直到11点钟的方向绘制完毕。

当我们阅读思维导图的时候，也要遵循相同的顺序，即从1点钟方向开始，按照顺时针的方向阅读。

再来说说思维导图的布局。思维导图的布局是很多初学者容易忽视的一个问题。所谓合理分配布局，就是要让思维导图的各个分支基本对称——或者左右对称，或者上下对称，或者四周对称。尽量避免出现重心偏移至页面一角的情况。以一张A4纸为例，要让思维导图尽量均匀地分布在中心点的周围，并在边缘留出3至5厘米的空白。既不要让图看起来画得太满，也不要留出太多空白。

当思维导图的各个分支绘制完毕的时候，我们可以用彩笔围绕各个分支将整个思维导图的轮廓圈画出来。这样思维导图本身就成为一张图。这张图的形状可能是不规则的，看上去有点像天空中的云朵。就当我们回到小时候，玩了一回猜云朵的游戏，无论你看到的是什么形状，你都可以把它们想象成一个有意义的图形。当忘记了整张思维导图的某些细节的时候，回忆一下这个图形，你将有很大概率回忆起整个思维导图的轮廓，进而联想起你需要回忆的那些分支。人类固有的完形心理倾向和图像记忆能力会帮你很大的忙。

规则二：词与线的分布

初次接触思维导图的人很容易遗漏这个细节。不少人在画思维导图的时候都喜欢用线段连接包裹着词语的圆圈，这样的图算不上是思维导图。

真正的思维导图应该像一棵大树。所有的关键词都通过枝干直接相连，关键词与关键词之间应该是无缝的。可以说，思维导图的线条就像树枝，而关键词则像树枝上的叶子。就像叶子离不开树枝一样，关键词也离不开枝干。将整张思维导图真正连接在一起的，其实就是枝干。而关键词之间的相连实际上是通过枝干的相连来完成的。为了明确关键词之间的关系，要确保每一个关键词及图形都在枝干之上，而且紧密相连，要让线条和它们上面的关键词成为一个完整的部分，而不是相互分离的。

同时，还要注意：线条的长度要和关键词的长度相等。

这样做的目的有三：

第一，关键词和关键词之间的距离越近，我们就越容易把它们联系在一起记忆和思考。关键词之间的距离越远，我们的记忆和思考受到的干扰就越大。

第二，对于有限的纸张页面来说，这样做可以节省空间，从而容纳更多的关键词、更多的内容。

第三，美观。

此外，还要注意，当线条呈弯曲状时，关键词的书写走向自然也要随弯就弯。可是，关键词本身的倾斜角度（关键词的中轴线相对于竖直方向的角度）要有一定的限度，要尽量让所有关键词的中轴线保持接近竖直。这样做是为了方便阅读。否则，如果将思维导图的主干转着圈画，关键词也转着圈写，最后就只能转着圈地看了。

规则三：曲线的使用

思维导图和传统笔记方式最大的区别就在于"图"这个字。我们画思维导图的目的之一就是让大脑把整张思维导图识别为一张图，而不是一堆词语的堆积。想达到这个目的，就要请曲线来帮忙。

为什么一定要用曲线？

看看我们身边的世界，真正的直线大都只出现在由人工打造的物品或建筑物中。放眼整个自然界，从森林到草原，从植物到动物，从山川到河流，统统是由曲线构成的。可以说，曲线代表了自然，代表了人脑最容易接受成图像的元素。将曲线与关键词紧密结合在一起，会让大脑更容易将其识别为图像。

而且，这种元素人人都能掌握，即便是一个没有学习过任何美术课的人也可以轻松地画出曲线。因此，这是最容易掌握的图像化手段，也是绘制思维导图时必须使用的手段。在实际绘画时，经常有学生用直线画思维导图。这显然是长期偏重左脑教育的结果。本来是最自然的图形却变得让人难以接受、难以描绘，这不能不说是我们教育的悲哀。不过只要坚持一段时间，任何人都可以轻松地绘制出漂亮的曲线。

为了表现分支与主题之间的关联程度，我们会在绘制不同层级导图的时候使用不同粗细的曲线。第一级分支的曲线最粗，第二级分支次之，层级数越小，曲线越粗，层级数越大，曲线越细。这是为了提醒我们的大脑哪些部分才是最重要的。要把注意力集中在最重要的层面，而非细枝末节。

规则四：符号的使用

符号是思维导图平台上非常重要的一位演员。很多用语言不方便表达，或者表达起来比较麻烦的概念，可以使用符号来表达。还有各分支之间的横向关系，往往也需要借助符号，才能表达得比较清楚、到位。

广义地说，符号也属于图像的一种，但是二者还是有所区别。符号一经确定，可以反复、频繁地使用，而非符号图像的使用频率就很低。而且，符号的绘制难度往往都非常低，只要会写字的人，基本上就能使用各种符号。所以在思维导图中使用符号是一种高效率的信息表达方式。

符号是思维压缩的绝佳工具。一个很简短的符号可以表达很复杂的意思。在思维导图中，我们不但可以使用一些传统的约定俗成的符号，更可以自己发明一些符号，以利于快速表达自己的意图。

常用的符号主要有如下几类：

1. 表示重要程度的符号：最常见的就是数学里的乘号加四个点的重点号了。如果你已经用腻了这个旧符号，还可以用新的，比如五角星。现在媒体评价最常用的就是星级评价了，我们在画导图时也可以借用过来。如果导图的内容特别多，可以考虑五星制评价；如果内容比较少，三星就足够了。

重要程度符号在导图中非常有用，它可以引导我们在复习导图时准确及时地把握主次轻重，避免浪费不必要的时间和精力。

2. 表示相互关系的符号：最常见的是曲线加箭头。如果是表示单方向的关系，比如引起和被引起的关系，就可以使用单箭头曲线。如果是表示双方向的关系，比如相互补充，就可以使用双箭头曲线。

相互关联的符号侧重于强调知识结构中的横向联系。有需要对跨分支或平行分支的关系进行梳理的情况，就要考虑使用到这一类符号。

3. 缩略表达的符号。这类符号实际上是众多符号中数量最多的一类。

比如正确的观点可以用一个对号来表示，错误的观点可以用一个错号来表示。再比如医疗事业可以用一个十字符号来代替，开心可以用一个经典的笑脸符号来表示等。这些符号的绘制都极其简单，但其表达方式却更容易激发大脑的兴趣。

除此之外，还有很多符号可以被我们充分利用，在这里就不一一列举了。需要提醒的是，有些时候，已有的符号不能满足我们的表达需要，这时就需要我们发挥自己的创造力，创造一个符号出来。一开始，这会有些困难，可是一旦这个只属于自己的符号被创造出来，以后在表达类似内容的时候就可以一劳永逸了。

思维导图是帮助我们开发大脑、提高学习效率的绝佳工具。只要了解清楚它的主导思想、绘制步骤以及规则，便能最大限度地发挥思维导图的作用，从而帮助我们构建网状知识系统，获取更好的学习成绩。

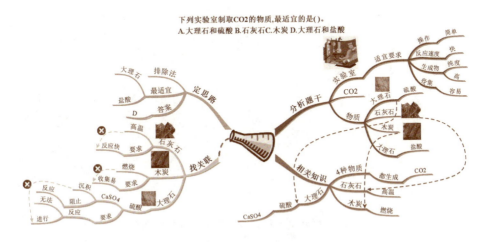

思维导图做题范例——
九年级化学

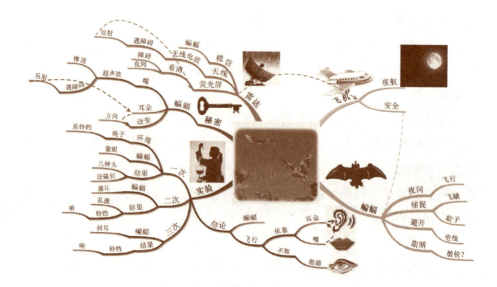

四年级语文《蝙蝠和雷达》

11

抱着『氧气瓶』去上课

在学习时打哈欠，可能是大脑缺氧的信号。想时刻保持思维灵活，我们何不试着降低大脑耗氧量，为大脑节约能源？

谁是最好的老师

真正的好老师可遇而不可求。他们不但能够有效启迪学生的思维，而且可以让学生更容易接受自己讲授的内容。同样的内容，对不同的人来讲，效果是完全不一样的。学会了"有氧学习法"，你便可以随时随地把"好老师"请回家。

格里高利·曼昆是哈佛大学最受欢迎的老师。他写的《经济学原理》是人类历史上最畅销的经济学教材。原本枯燥乏味的经济学在曼昆口中变成了精彩绝伦的悬疑推理连续剧。在很长一段时间里，等待着去听曼昆教授的经济学课程的人都会排起长龙。这在学生经常逃课的大学简直是个奇迹。

判断一个老师的课是否受欢迎其实非常简单，那就是检查课堂上睡觉的人数。如果大家都瞪着眼睛认真聆听，而且多数同学面带笑容，多半情况下这堂课是很吸引人的；反之，如果课堂里睡觉的人连成了片，听课的同学表情都很痛苦，就说明这堂课比较枯燥，不太让人感兴趣。

作为老师，我必须承认，看到自己的学生在课堂上睡觉是非常令人恼火的。每个老师在潜意识里都会觉得这是对自己的蔑视和不尊重。事实上，在别人向自己传授知识的时候睡觉的确是一种很不礼貌的行为。但是大部分学生并不是有意要用睡觉来向老师抗议，他们是真的困了。这是由人类大脑的特点决定的。

离开固体食物，人可以生存三十天左右。离开水，人可以生存七天左右。而离开氧气，人只能生存几分钟。

从生存的角度讲，没有什么东西比氧气对人更重要了。在众多身体器官之中，最能耗费氧气的就是大脑。一个成年人的大脑重量只占体重的五十分之一，而它消耗的氧气却占据全部氧气的五分之一，相当于其他等量级器官的十倍。

这种能量消耗是很惊人的。而且它上下波动的幅度很大，这和我们使用手机时的情形有点相似，如果你的手机电量在待机状态下可以使用一个星期，那么连续不停地打电话可能最多维持几个小时。在不同的意识状态下，大脑消耗的氧气量可能相差数倍。如果阅读鸟山明的漫画《七龙珠》，可能我们看整整一上午都不会累；但如果是看萨特的《存在与虚无》，可能不到半个小时我们就哈欠连天了。

同样，坐在教室里听课的时候，不同老师的授课也会引发不同的大脑氧气量消耗。那些优秀教师会对他们讲授的内容做特殊的处理，尽量做到深入浅出，所以听起来比较轻松，不会累。而有些老师可能不屑于或者没有意识去对讲课的内容做特殊处理，所以虽然是同样的内容，听起来却很累，以至于哈欠连天。

为了解决这个问题，我可以给你提供一套"法宝"。这套"法宝"可以化腐朽为神奇，让世界上最枯燥乏味的学习内容变得生动有趣。最关键的是，拥有了这套"法宝"后，你完全没有必要依赖任何名师，因为此刻你就是自己最好的老师。

这套法宝的名字叫作"有氧学习法"。

既然我们已经知道学习时的困倦和哈欠是由大脑供氧不足引起的，那么，怎样才能让我们在学习时不困倦或者尽可能少困倦呢？

解决这个问题有两种基本思路：

第一种思路是想办法增加外部的氧气供应，比如购买氧气瓶。很明显，依靠外部氧气源来维持大脑清醒并不现实。

第二种思路是降低大脑内部的氧气消耗。这种方法不需要依赖外在的设备，随时随地都可以起作用，是我们可以依靠的常规解决方案。当然，这并不意味着第二种思路就更容易。和任何一种技巧与方法一样，你必须经过学习和训练才能掌握它。

"有氧学习法"的核心理念只有短短的三个词——简单、有趣、实用。如果你能让学习内容变得更简单、更有趣、更实用，你的大脑就会以更小的氧气消耗完成更多的学习任务。

"有氧学习法"就像它的名字一样，可以让你的大脑获得充足的氧气和能量，从而让你始终保持旺盛的学习精力。这些氧气和能量并不是来自氧气瓶和药物，而是来自科学的思维方法。通过对学习材料进行精细的加工制作，我们可以让大脑更容易接受这些学习材料，从而在尽可能少的能量消耗状态下完成尽可能多的学习任务。

形象一点说，学会"有氧学习法"后，相当于在自己的大脑里安装了一个微型氧气瓶。仅仅转换一下学习方式，大脑就相当于获得了源源不断的氧气供应，这样一来，上课打哈欠的机会自然就大大减少了。

有氧学习第一步——简单化

不理解一个复杂概念或知识时,你可以综合运用两种思路、四项方法,它们可以帮你简化难点重点,减少大脑能耗。

怎样才能让复杂的学习内容变得更简单呢?这个问题并不简单。简化的方法大致可以分为两类思路:第一类是避开难点,通过暂时忽略晦涩难懂的学习内容来实现简单化;第二类的难度稍大一些,是运用各种技巧将晦涩难懂的学习内容拆解成更为简单的内容。

这两类解决思路并不是非此即彼的关系,我们可以同时使用它们,从而实现将学习内容简单化的目的。让我们先来认识一位在简化信息领域拥有超强能力的大师。

史蒂芬·霍金是人类有史以来最伟大的物理学家之一。他的伟大不仅仅在于他实现了物理学理论的突破,还在于他完成了大多数物理学家都无法做到的事情——让物理学著作成为畅销书。

霍金的《时间简史》是人类历史上最畅销的物理学著作——没有之一。在今天的中国，销量在10万册以上的图书就可以被称为畅销书，销量在100万册以上的图书就可以被称为超级畅销书，而霍金《时间简史》的销量是2500万册。要知道，即便是金庸和古龙的武侠小说也很难创造这样的单册销量。

《时间简史》畅销的原因有很多，但非常重要的一个原因是它的内容通俗易懂。大多数人不喜欢物理学倒不是因为它没有什么实际作用，我们很难想象离开了物理学人类社会将变成什么样。很多人之所以不喜欢物理，主要是因为它的复杂性，尤其是各种烦琐的公式、定理所展现出来的复杂性。在《时间简史》出版之前，出版商曾找到霍金，请求他删减书稿中的物理学公式。在出版商看来，书中的物理学公式每多出一个，图书的销量就会减半。霍金听取了出版商的建议，把全书的物理学公式压缩到只剩一个，这便是大家最熟悉的$E=mc^2$。

在这个世界上，最伟大的真理往往也是最简单的，关键在于你是否能找到合适的表达方法。将复杂的信息简单化是霍金的拿手好戏。在《时间简史》出版之后，霍金还尝试了一项更有挑战性的任务——用电影的方式来描述物理学的世界。这一次，他甚至连字都懒得写了。

试问，我们在学生阶段学习内容的深度是否能超过《时间简史》呢？如果连宇宙大爆炸和黑洞这样晦涩的理论都能被写得像武侠小说一样通俗易懂，我们又为什么不能把教材中的内容简化到一目了然呢？

信息简化的第一类解决思路，涉及一项特别的能力——舍弃。

大多数没有掌握科学学习方法的学生往往习惯于把教材上的重要概念和原理一字不差地背下来。这种一字不差的学习方法看似认真，实际上也是最低效的学习方法。

当你尝试着使用你从未用过的表达方式来记忆一件事情的时候，效率一定是相当低的，所以你才需要通过不断重复来延续记忆的维持时间。如果不断被重复的记忆始终无法和大脑中已有的信息关联在一起，即便我们重复的次数再多，也终将忘记它。

既然一字不落地死记硬背如此低效，我们为什么不去尝试用我们日常聊天的语言方式去对教材中的概念和原理进行改造呢？

请想象你要对一个6岁的小孩讲解你正在学习的知识。你将不得不舍弃那些看似严谨，实则对真正理解概念和原理的内涵并无帮助的内容。你不会向一个6岁的小孩讲解公式，不会通过复杂的数字运算让他明白其中的道理。所以，那些有碍于即时理解信息的东西统统都要舍弃。你要把所学内容中最简单，简单到一目了然的内容挑出来。

当我们把那些最简单的事实梳理在一起时，很多我们之前并不理解的东西可能会突然顿悟。人的大脑神经系统有其自身的运行方式。如果神经冲动沿着完全相同的路线传导，其引发的思维结果也必然相同。沿用错误的思路去解题，即便解上一百遍，我们还是无法将题目做出来。而我们一旦将复杂的信息进行有选择的提取，并重新进行排列组合，大脑将形成新的神经连接，顿悟就很有可能发生。即便我们把所有无法理解的信息统统舍弃，只将自己能够理解的信息组合在一起，也有可能让我们找到全新的理解知识点和解题的方法。所以，如果你想将正在学习的内容简单化，"舍弃"绝对是你必学的第一门功课。

将学习内容简单化的第二类解决思路，是将晦涩难懂的知识转化成更容易理解的表达方式。我承认这并不简单，如果你想把一件复杂的事情用最容易理解的方式描述出来，首先你自己必须能够深刻理解这件事情。

这里面存在一个看似相悖的地方：既然你已经理解了一个知识点，为什么还要将它换一种方式表达呢？原因很简单，复杂信息和简单信息在大脑中处理的时间和效率是截然不同的。如果一则信息的复杂表达形式通过单个大脑神经元的时间是2毫秒，那么一则信息的简单表达形式通过单个大脑神经元的时间可能只需要0.5毫秒。仅仅是转换信息的表达方式，我们就可以让大脑以四倍的速度对这则信息做出反应。这不但意味着我们在平时的学习中可以节省下大量时间，更重要的是，这种信息处理方式可以让我们在相同的时间之内接触更多的信息，从而更容易对这些信息进行记忆和加工。

假如我们要计算"99×7"的乘积，直接计算显然比较麻烦，但是如果我们把算式变成"（100-1）×7"的话，计算过程就变得非常简单了。

同样，将复杂的概念替换成我们更容易理解的简单概念，也能够显著地提高我们记忆和理解新知识的效率。

一个概念往往会由二三十个字组成，但构成概念核心的部分大概不会超过五个字，甚至只有一个字。我们要做的就是把这些最关键的字挑出来。这样做会让我们舍弃大量信息。这些信息也许在以后的某个场合会起某些作用，但是眼下你必须舍弃它们，否则你将一直负重前行。这就像我们清理自己的书本、衣服和房间一样。每次清理物品，你总会因为某件东西将来有可能会用到而把它留下，而最后你却发现自己几乎没有再碰过它。大部分垃圾都是这样积攒起来的。

将复杂的信息简单化的第三类解决思路是举例法。

很多时候，当我们自认为已经理解了一个概念和知识点的时候，那可能只是一种美丽的幻觉。最好的验证办法就是举出例子来说明这个知识点。如果我们能举出一个原创的例子，便说明我们已经基本懂了；如果能举出三个或三个以上实例，就说明我们是真的理解了。反之，如果学生口头上说懂了，但是却连一个例子都举不出来，那便说明他并没有真正理解。

就像我们不明白一件事情的时候常常要求老师举一个例子一样，为了降低知识的难度，也为了检验我们对知识的理解程度，我们也应该给自己举出一些例子。

将复杂的信息简单化的第四类解决思路是比喻法。

据说爱因斯坦的相对论是世界上最难以理解的理论。有位记者曾经要求爱因斯坦用最简单的方法说出相对论讲述的道理。爱因斯坦说，所谓相对论就是，当你和自己最喜欢的人在一起时，一小时会像一分钟那样短暂；而当你的屁股坐在火炉上时，一分钟会像一小时那样漫长。这个幽默的比喻当然不能和相对论的严谨定义相提并论，但它却触及了相对论的核心概念：时间的存在是相对的。爱因斯坦的比喻可以让一个对物理学没有任何基础的人也能了解相对论的一鳞半爪，这已经很了不起了。

比喻并不仅仅是一种修辞方法，它更是引领人们认识事物本质的快捷通道。那些用描述性的语言无法形容的概念往往可以通过比喻的方法让人快速理解。比喻可以将大多数人熟悉的生活经验和眼前的陌生知识连接在一起。它不但可以加深我们对知识的理解，而且可以加深我们对知识的记忆。如果你希望自己或别人在第一时间明白你所提出的生僻概念，比喻的方法是必不可少的。

需要指出的是，当你不理解一个复杂概念或知识，并希望向老师求助的时候，你也可以综合运用上面提到的四项技巧，即舍弃、转化、举例和比喻。

这意味着你可以尝试着让老师尽量用最少的语言来帮你概括你已经知道的东西，或者你可以请他给你多举几个例子来帮助你更深入地理解比较难的知识点，再或者请他用比喻的方式帮你明白教材上究竟说的是什么。

在现实生活中，老师的业务能力其实相差并不大，但是他们给学生留下的印象却相差很大。有些老师似乎总是能讲出很多新鲜的东西来，而有些老师讲课却总是干巴巴的。其实后者未必没有才华，他们只是不擅长表达。他们所能说出的知识要点只占他大脑中已有信息的很小一部分。我们把这部分知识称为"隐形知识"。如果你有本事将老师脑子里的隐形知识提取出来，为己所用，你将拥有得天独厚的优势。想做到这一点，你必须问对问题。

想将知识简单化，需要综合运用四种方法。首先，要学会舍弃，将信息简化到完全能够理解的程度。其次，要学会转化，将我们理解能力范围内的信息转化成更简单易懂的信息。最后，需要综合运用举例和比喻等处理方式，让那些最难以理解的内容一目了然。这些经过刻意简化的信息，会让我们的思维速度成倍提升，甚至形成顿悟。

有氧学习第二步——趣味化

　　无趣的信息会让人哈欠连天，有趣的信息却可以让人精神抖擞地学习。大脑在处理信息时会因为趣味性的不同产生高度的差异性。提高学习效率的关键之一，便是把无趣的无氧信息转化成有趣的有氧信息。

　　如果听郭德纲的相声，恐怕一个晚上你都不会累。但是如果让你听中科院院士的报告，恐怕用不了一个小时你就哈欠连天了。人类的大脑在处理不同信息时所付出的努力是截然不同的。对于那些感兴趣的信息，大脑会产生大量的神经兴奋来对其进行处理。这种高效率的处理方式不但有效，而且节约能源——主要是节约氧气。

　　人们往往认为娱乐活动是有趣的，而工作和学习则是没有趣味可言的。这样的观点，我相信积极心理学的领军人物——米哈里·契克森米哈赖教授绝不会同意。

　　在前文中，我们曾经介绍过契克森米哈赖。他是芝加哥大学的心理学教授，同时也是对人类的积极心态研究最多的人之一。在我心中，契克森米哈赖教授的重要性几乎可以和积极心理学的创始人马丁·塞利格曼相提并论。这不仅仅是因为契克森米哈赖教授对幸福和快乐的理解别具一格，更因为他那独具特色的研究方法。

为了搞清楚人们在什么时候最快乐，契克森米哈赖教授使用了一种最为直接，却从未有人尝试过的实验方式。他决定进行一次大规模实验。他找来很多志愿者，并在他们身上安装了一种终端设备。这款设备会在一天之中随机响起，志愿者必须立即写下自己当时在做什么，以及自己当时的心情。

如果你记录的只是某一个人在某一天的喜怒哀乐，那是没有太大意义的。一个习惯记日记的人即便没有契克森米哈赖教授发放的设备，也会做同样的事情。但是他们很少能从中得到启发。

但如果你记录的是数千人甚至上万人在数年之内的喜怒哀乐的话，那就大不一样了。样本的扩大和时间的延长会极大地减少随机性对实验的不利影响，从而使得某些隐藏在随机现象背后的固有模式显露出来。契克森米哈赖教授在长达数年的时间里收集了数十万份心情调查报告。他在这些报告中找到了打开幸福之门的密码。

契克森米哈赖教授惊奇地发现，大多数人报告幸福的时候并不像人们想象的那样正处于娱乐状态，比如在酒吧里跳舞、和朋友聚会、看电影、逛街、玩游戏等等。恰恰相反，大多数人都是在专注于学习或者某项工作的时候体会到了巨大的快乐。有些人是在工厂的车间里体会到了快乐，有些人是在解数学题的时候体会到了快乐，有些人是在创作诗歌的时候体会到快乐……

这和我们的直觉完全相反，甚至那些提供数据的志愿者也难以接受这些结论，尽管这个结论正是来自志愿者本人的生活经历。人们在潜意识里常常把工作、学习与痛苦联系在一起，而把娱乐、休闲和快乐联系在一起。即便工作带给他们快乐，休闲带给他们痛苦，人们也不改初衷。

学习真的比休闲更让人快乐吗？如果这种现象是真实存在的，其背后的原理又是什么呢？契克森米哈赖教授对此进行了深入的研究。最终，他得出两个结论：第一，学习和工作活动比纯粹的娱乐活动需要更大的精力投入和高度的关注（请参看前面有关注意力的章节），这会给大脑皮层带来大面积兴奋，同时还会在大脑中产生天然吗啡——β内啡肽，从而让人感到快乐。第二，学习和工作比纯粹的娱乐更有意义。只有当快乐和意义结合在一起的时候，幸福感才会产生（这也是积极心理学中最重要的一条原理）。

契克森米哈赖教授的研究给了我很大的启发，我开始了漫长的对学习方法的探索之旅。很长一段时间里，我一直在寻找既可以提高学习效率，又可以让学习变得更快乐的方法。实事求是地讲，同时符合这两个标准的方法并不是很多，只有极少数方法被保留下来。这其中就包括我们前面讲过的思维导图学习法。

一开始，我曾经把自己正在学习的课程作为试验品。

这是一门比较枯燥的课程。在我们大学开设过的课程之中，这一门课程应该算是"上座率"比较低的了。我那可怜的大学老师为了提高"上座率"，不得不采用点名加挂科（不及格）威胁相结合的方式。对于担心因挂科而无法毕业的我们来说，这种威胁是很有效的。但是就像经典的爱情电影里常说的那句话一样：你能留住我的人，却留不住我的心。在教室里听课的人大都和周公在梦里约会，还有一部分人虽然睁着眼睛，心里却在做着白日梦。

毫无疑问，几乎每个人都选择扮演"受害者"的角色。但我想尝试一种完全不同的对策。哲人曾经说过，如果有人给你一个柠檬，你应该尝试着把它变成柠檬汁。我决定把这门最枯燥的课变成"柠檬汁"。我开始尝试将老师所讲的内容画成思维导图。

巴赞承诺过的神奇效果竟然真的出现了。当我试着把关键词转化成图形，并画出来的时候，我的大脑里好像突然被注入了兴奋剂，原本枯燥的学习内容变得生动有趣起来。下课之后，当其他同学都忙着收拾东西离开的时候，我却在原地欣赏着我的思维导图。

第二天早上，当我在操场上晨跑的时候，那张昨天画的思维导图竟然一下子蹦进了我的脑海里。和之前死记硬背时的苦思冥想不同，这种回忆的过程并没有花费多少力气，就像回忆刚刚看过的电影情节一样自然。这种前所未有的学习体验让我兴奋不已。直觉告诉我，思维导图就是我一直在寻找的学习方法。从那一天开始，我成了思维导图的忠实拥护者、使用者和传播者。

事实证明，选择像思维导图这样的学习方法是可行的。但同样一种方法未必适合所有人。对于希望自己的学习充满乐趣的这部分孩子来说，还需要另寻方法。

契克森米哈赖教授在《生命的心流》一书中总结了寻找乐趣的方法。这些方法和我们平时所能想到的寻找快乐的方法截然不同，但它们都很有效。

首先，需要选择难度合适的学习材料。

难度过低或者过高的学习材料都不容易让我们产生兴趣。只有那些比我们现有的学习水平高一点点的学习材料才能激起我们的兴趣。

其次，需要树立明确的目标。

这个目标可以是任何学科、任何章节、任何类型的学习任务，比如做两页数学题、背十个外语单词等等。对于初学者来说，一开始设立的目标越小越好，最好能够在一天之内全部完成。

再次，需要全神贯注。

注意力的投入程度和我们能获得的快乐程度是成正比的。心不在焉地做事情，即便是玩游戏，也会索然无味。全神贯注地学习，即便学习材料本身看起来枯燥不已，我们也能从中找到乐趣。

最后，需要获得及时的反馈。

设定了目标却不去检查，等于没有设定目标。只有当我们不断获得及时的反馈时，目标对于我们才充满了意义。你能想象在一场足球比赛中，球员们被遮住眼睛，对着球门狂射，却没有人告诉他们是否进球是什么一种情况吗？体育比赛的魅力很大程度上在于它可以不断地带给我们及时的反馈。我们可以随时了解我们关注的队伍是否占据上风，是否处于领先位置。当你能以最直观的形式感觉到自己每一分钟的学习付出所换来的成果时，你会爱上学习的。

以上四个步骤，在前文中都有所提及。

如果你觉得这种方法过于烦琐，还有一种方法可能适合你。这种方法的发明者是苏联著名的心理学家巴甫洛夫，在本书第四章中也对此方法有详尽阐述。

巴甫洛夫的经典条件反射中，一个中性的刺激如果与一个积极刺激或消极刺激经常成对出现，它将引发物体的积极或消极反应。如果你不理解这句话也没有关系，因为我们的老祖宗早就用另一句通俗易懂的话表达了同样的意思——"爱屋及乌"。

经常听郭德纲相声的人可能会有这样的感觉：很多语言从别人口中说出来没有什么可乐的，但是如果由郭德纲说出来就会显得非常幽默，甚至让人笑成一团。这并不奇怪。在经典条件反射面前，我们人类和巴甫洛夫实验中的狗没有什么区别。我们之所以觉得郭德纲说出来的话可乐，是因为我们之前曾经被他的某些包袱逗乐过，以至于他的某些动作、表情、语调都和那些快乐的感觉联系在了一起。当这些动作、表情、语调再次出现的时候，即便他说的话并不是很好笑，我们也会笑出声来。实际上，我们还沉浸在之前的那些快乐中。引发我们笑出声来的并不是眼前的笑料，而是之前的记忆和引发这些记忆的信号。

可见，经典条件反射本身只是我们身体在进化过程中形成的机制罢了。我们既可以利用它给我们制造快乐，也可以利用它为我们制造痛苦。当然，我们也可以利用经典条件反射为我们的学习制造乐趣。

所有伟大的老师都精于此道。他们都非常善于以学生感兴趣的事情为诱饵，去引出他真正希望学生们记住的东西。就像前面我们讨论过的一样，伟大的老师总是极少数。我们不能指望自己在遇到真正伟大的老师之后才开始学习。所以，我要求你来扮演自己的老师。利用我们前面所讲的经典条件反射的原理，你也可以做到那些伟大的老师才能做到的事情。

首先，你要仔细想一想，你都喜欢什么？平日里都有哪些东西会让你感到快乐？这些问题的答案对于你至关重要。

接下来，你要把那些自己最喜欢的事情和学习的内容联系起来。具体做法是，先学习一段时间，然后去做那些自己最喜欢的事情。两件事情的时间不要相隔太久。反复进行这个过程，直到你开始对学习有一些感觉。

最后，你要巩固自己确立起来的这种条件反射。除了经常在学习一段时间后做那些会给你带来快乐的事情，还要想方设法把学习内容和你感兴趣的事情联系起来。这其中有很多技巧。让我们用一个案例来说明它。

假设你喜欢刘德华，而且不是一般的喜欢。你买过他的全部专辑，墙上贴的全是他的海报，你甚至还曾经找"黄牛党"买过他的天价演唱会门票。但是你讨厌学习，尤其讨厌立体几何。对于教材和老师所讲的内容，你几乎一个字也听不进去，怎么办？

好办！想方设法把刘德华和立体几何联系在一起吧。初看起来这好像是天方夜谭。不过世上无难事，只怕有心人。想想立体几何里都有哪些典型的几何体？圆柱、圆锥、三棱锥等等。

先看第一个立体几何图形。圆柱和刘德华怎么联系在一起呢？想象刘德华的下一场演唱会正在进行舞台设计，其中有一个可升降的圆形舞台出现了问题，急需歌迷的帮助。请为你的偶像出谋划策吧，怎么设计这个圆柱形舞台才能让你偶像的出场更加光彩夺目呢？

同样，圆锥可以是为刘德华设计一款酷到极点的圆锥形帽子，三棱锥可以是为刘德华设计的一个超级拉风的演唱会场馆。

在做以上联想时，你的脑海里应该想象出很具体的形象，甚至要把细节都想象出来，好像舞台、帽子、场馆就活生生地立在你眼前。当你看到这些几何图形鲜活地和你的偶像扯上关系时，你就会发现乐趣之所在了。

做这样的练习，可以把任何学科、任何学习内容都变得生动有趣，不过使用这种方法需要一定的想象力。如果你既不想画思维导图，也不想使用契克森米哈赖教授提供的快乐法则，也没有耐心去进行经典条件反射，更不想浪费脑细胞去想象刘德华与立体几何的联系，你该怎么办呢？你会放弃对学习兴趣的寻找吗？

千万不要这样。因为我还有一个比较简捷的方法。它的使用方法极其简单，人人都可以在极短的时间之内学会它。而且它并不需要花费太多时间，效果也不错。我把这种方法叫作"流行语言置换法"。

简单地说，这种方法就是把当前最流行、最酷、最炫、最Fashion的语言元素加入到你要学习的内容中来。在《百家讲坛》红透半边天的易中天是此高手。他曾经在《品三国》中把周瑜称作大帅哥，并由此迅速拉近了自己和年轻观众的距离。我想，如果他现在重新讲《品三国》的话，也许会把周瑜叫作"高富帅"。

这些网络流行语的加入并没有改变信息的内容，但是很明显，它们改变了信息的形式，同时也改变了它们带给我们的感觉。下次，如果你感觉某个学科、某个学习内容枯燥乏味，不妨把你最熟悉的网络流行语加入其中。

对于感兴趣的信息，大脑会产生大量的神经兴奋来对其进行处理。这种处理方式不但有效，而且节约能源——主要是节约氧气。而那些大脑不感兴趣的信息，不但难以刺激脑细胞产生神经冲动，还会引发大脑皮层的抑制现象。在这种状态下，大脑的处理效率不但低下，而且对氧气的消耗很大。打哈欠实际上是大脑在供氧不足的状态下发出的警告——是时候该想办法让事情变得有趣起来了。

有氧学习第三步——实用化

> 大脑的自我保护会不断清理不用的神经连接，如果大脑判定一样
> 知识没有实际用途，甚至会抗拒接受这项新的知识，那么让大脑明白
> 知识的实用性尤为重要。

问：牛儿什么时候才会喝水？

答：牛儿口渴的时候。

问：饭什么时候最香？

答：我们感到饥饿的时候。

问：人们在什么时候会主动学习知识？

答：人们要运用<u>这些</u>知识的时候。

在地球上，几乎所有物种都是抱着实用的目的进行学习的。推动非洲雄狮学习捕猎羚羊，推动羚羊学习躲避狮子攻击的最主要动力，便是生存。在动物眼中，一切与生存有关的技能都是值得学习的。除此之外，便只有繁殖下一代能够引发它们的关注了。再以外的，便不是它们关心的范畴了。

但是人类却有所不同。人类在学校中学习的绝大部分知识都与生存和繁殖没有直接的关联。除非你大学毕业后从事与化学有关的工作，否则那些化学方程式一定会以惊人的速度从你的脑海中消失。如果你的工作无须用到复杂的数学运算，你在高中以后学到的数学知识大概也会被你遗忘得七七八八。

这并不意味着你无能，恰恰相反，这是大脑的一种自我保护。

人的大脑中拥有上千亿个神经元。每个神经元可以与周围数万个神经元发生神经连接。我们的记忆、情感、逻辑分析、推理、判断和个人偏好都保留在这些神经连接中。在意识层面上，我们每个人都是无数个神经连接的集合体。

作为我们人体消耗能量最多、负担最重的器官，我们的大脑每时每刻都面临着缺氧和能量枯竭的威胁。为了保证自己能够快速运转，大脑必须不断地清理"垃圾"。而所谓的"垃圾"，主要就是指那些很长时间不使用的神经连接。从婴儿时代开始，我们的大脑就在不断地清理"垃圾"，长时间不被使用的神经连接会被大脑当作废物进行剪除，而经常使用的神经连接则被保留下来。这与生物界"物竞天择，适者生存"的法则极为相似。这些被废弃的神经连接将释放出一部分能量，提供给那些新产生的神经连接，从而让我们可以不断接受新的事物、学习新的知识。

从进化的角度讲，人类的这种神经机制可以让大脑保留持续学习的能力。在资源有限的情况下，我们可以把精力永远集中在那些重要的事情上。

但是，如果你还处在求学时代，麻烦来了。如果你明明知道自己学习的东西在未来的生活中不会派上用场，却还要苦苦记住它们，你将会学习得非常吃力。你的大脑将因为"缺少实用性"这条理由而将你想记住的公式、概念以及其他知识点拒之门外。在这一刻，你将感觉到自己突然变"笨"了——无论你怎么努力，就是记不住那些需要记住的知识。无论你的老师、家长以及你自己怎样强调这些知识点对考试的重要性，你就是无法在学习这些知识的时候打起精神来。当一个人的主观愿望和延续了数万年的进化特点发生冲突的时候，胜负毫无悬念。

苏联著名教育家苏霍姆林斯基曾经记录过这样一件事情，他在当老师的时候曾教过一名学生，这个孩子上课总是不认真听讲，成绩也不怎么理想。从中学毕业后，他没有继续读书，而是做了一名家电维修工人。一个很偶然的机会，苏霍姆林斯基家里的电器坏了，需要维修，当工人走进他家门时，他才认出这个上门维修的工人正是自己当年的学生。当他看着当年自己眼中的差生以极其娴熟的手法修好了自己的家电后，不禁感慨万千——这是一个多么好的孩子啊！既然有能力学好那么复杂的家电修理，为什么当年却学不好那些文化课呢？

苏霍姆林斯基在这里没有想明白一件事情，这个学生之所以没有成为自己眼中的好学生，不是因为他所学的东西过于复杂，而是他没有看到学习这些东西的实用价值。家电维修也许更复杂，但是它的实用性却可以在很短的时间内表现出来——只要你的技术过硬，那些原本快要成为废品的家电又可以像平时一样正常工作。这种实用性和随之而来的成就感是苏霍姆林斯基当时所在的学校无法提供的。

我们现在学校里的很多学生正面临同样的问题。对于他们来说，那些课本上的知识除了应付考试，几乎毫无用处。于是，他们只能在大脑的强烈抵制下一遍遍地重复记忆。这样做的结果只能是事倍功半。

解决这个问题只能智取，而不能强攻。

前几天我读了一本与病毒有关的准医学书。书中谈到一种有趣的现象：正常情况下，侵入人体的病毒会被人体的免疫系统识别，并被摧毁。但是有一种病毒却可以把自己伪装成正常人体细胞的一部分，从而骗过免疫系统，进而从内部击垮人体。

这种"聪明"的病毒启发了我。如果病毒能够欺骗人类的免疫系统，避免其致命的攻击，我们又为什么不能说服自己的大脑，让它相信我们正在学习的东西是非常实用，且一定要记住呢？

事实上，做到这一点并不难，但是这需要花费一些时间。考虑到我们在与大脑的硬性对抗中已经浪费了那么多宝贵的时光。在说服大脑时花费一点时间也是值得的。接下来我会教你两个非常有效的说服大脑的方法。运用这些方法，你可以轻而易举地从枯燥乏味的知识点中找到它们的实用价值，并由此"爱上"它们。

第一个方法叫"寻本溯源法"。

为什么教材上的知识让学生们感觉不实用？这在很大程度上和教材的编写方式直接相关。到目前为止，几乎所有教材都把重点放在知识的结论以及其推导过程上。因此，学生们常常知道1+1=2，也知道1+1为什么等于2，却不知道人们是怎样发现1+1=2的。换言之，教材很少给出知识点背后的故事，尤其是其被发现的前前后后。老师们也不会讲这部分内容，原因很简单，教学大纲里没有这些内容，考试也不会考。

不过，恰恰是这些永远也不会考到的部分，可以把教材中写下的字、老师嘴里说出来的话，从无氧信息转化成有氧信息，将那些让孩子哈欠连天的信息转化成让孩子侧耳倾听的信息。

人人都爱听故事，孩子们更爱听故事。人类历史上每一个知识点发现的过程都是故事，只要肯用心，我们可以查找到大部分知识背后的故事。重点是找出这些知识在现实生活中是怎样被人们应用的，人们又是出于什么样的动机、为了解决什么问题才对这些知识进行研究的。

即便这些故事没有预想中那样吸引人，起码也可以让孩子们知道这些知识点的实用价值。你觉得三角形的知识没用？去读读大航海的历史，那些漂洋过海的船只能在茫茫大海中判断自己的位置和航向，要拜三角形的知识所赐。你觉得抛物线没用？读读《拿破仑传》吧，每次排兵布阵前他都要用抛物线的知识计算炮弹的射程。觉得化学反应很没意思？那些方程式有很多都是曾经的炼金术士发现的。当然，他们的初衷并不是为了给人类的化学事业做贡献，他们只是希望找到长生不老的药物，或者把普通金属变成黄金。

第二个方法叫"角色扮演法"。

对于人文学科来说，尤其是语文、外语、政治、历史等科目，除了使用寻根溯源法（寻根溯源法在理科的学习中运用会发挥更大的功效）之外，更可以运用"角色扮演法"来体会知识的实用价值。

我们平日里是怎样判断一个事物是否有实用价值的呢？标准无外乎两个：一是事物本身的属性；二是判断者自身的需要。这两个标准缺一不可。黄金有价值吗？大部分情况下是有的。但是当我们行走在一望无际的沙漠中时，即便有人给我们100两黄金，我们也不会觉得它们比一瓶水更有价值，这是因为黄金的属性没有满足我们最紧迫的需要。

由此可见，实用价值并不是纯粹客观的判断标准，而是客观与主观有机结合的产物。如果我们希望一个事物有实用价值，又没有办法改变事物的属性，就只能选择改变自身的需要了。说得更明确些，如果我们想让所学的知识变得更实用，却又没有办法改变知识的属性，就只能改变我们自己的需要了。

只要我们能够让知识和自身紧密结合在一起，就可以让知识变得更实用。为了达到这个目的，我们可以使用角色扮演法。所谓角色扮演法，就是想象自己身处知识所涉及的环境中，想象自己正在经历与知识相关的事件。比如我们正在学鲁迅的课文《孔乙己》，那就把自己想象成小镇酒店的一名常客吧。想象我们一边在酒店里吃饭，一边听着大家聊孔乙己的悲惨命运，相信感受一定和原来有所不同。

再比如，我们正在学习历史课上的"工业革命"，请把自己想象成工业革命中的一位发明家吧。想象由于我们的聪明才智给社会以及自己带来的巨大财富，想象我们亲眼看到整个世界随着工业革命的发展而连接在一起，想象我们乘坐着四轮马车赶去码头，坐着蒸汽轮船跨洋去做关于工业革命的宣传吧。张开想象力的翅膀，把自己置身于这个伟大的时代之中，你会从一个新的角度看待工业革命，书本上的那些知识对于你而言也不再仅仅是应付考试的工具。

　　寻本溯源法可以让枯燥乏味的知识点重新鲜活起来。任何在今天看来没有任何用处的知识，都曾经在人类历史上扮演过重要角色。把这些知识最"风光"的日子找出来，将它们最富实用价值的一面展示出来，我们自然会对学习这些知识产生兴趣。

　　角色扮演法要求我们假设自己身处知识所涉及的环境中，想象自己正在经历与知识相关的事件，以切身体会对知识的迫切需要。

　　通过这两个方法，我们可以"欺骗"大脑，使其记牢我们所须掌握的知识。

第十二章

12

髓鞘质是你的好朋友

学习能力是由什么决定的呢？科学表明，我们大脑中有一种决定学习效果的物质，掌控得当，我们都能成为学习高手。

神奇的髓鞘质

天才和普通人的大脑并无明显差异，关键是包裹着神经纤维的那层表皮——被神经学家们称为"髓鞘质"的物质，其厚度明显因人而异。

在很长一段时间里，我们一度认为心脏是我们思考的器官。如果高兴，我们会说自己"很开心"；如果情绪低落，我们会说自己"很伤心"；如果正被一些事情困扰，我们会说自己"很闹心"。在古时的中国人看来，与思想有关的一切，都会和人的心脏扯上关系。这种观点的影响力如此之大，以至于和人类思想相关的那个学科没有被命名为"大脑学"，而是被叫作"心理学"。

考虑到人类离开心脏和大脑中的任何一个器官都无法存活，我们的祖先们很难在当时的科技水平下揭穿这个谎言。不过，随着解剖学的不断进步，我们终于发现大脑才是我们可以正常思考的关键。

早期的大脑功能研究主要依靠对病人的脑叶做破坏

性的手术来进行。用这种方式研究大脑尽管可以得出比猜想和内省更接近真相的结论，却存在极大的弊端——它的实验对象主要是一些存在精神疾患的人，因此这些实验的结果未必完全适用于正常人。更重要的是，这些以科学名义进行的实验大都是非常残忍的。被切割大脑的病人将受到不可逆的损害，在某种意义上，他们将不再是自己，他们的生活也不再具有原来层面上的意义。

因此，大脑的功能对于很多人来说是一个难以破解的黑匣子。悲观的科学家认为，人类永远无法用正在思考的大脑研究清楚自己的大脑是如何思考的。

就在大多数人以为大脑科学即将走进死胡同时，20世纪70年代，大脑科学却突然迎来了春天。一系列震撼世人的大脑科学成果如雨后春笋般出现。人们发现大脑这个黑匣子的内部逐渐明亮起来——人类离真相越来越近了。这种情况的出现与先进科学设备的研发有直接关系。随着CT、核磁共振、正电子发射射线断层成像、高分辨率脑电图等先进医学技术的出现，人类终于可以在不开颅的情况下对大脑的功能进行比较准确的定位。越来越多的神经科学家已经不满足于研究模糊的大脑功能，他们开始研究大脑最基本的组成单位——神经元。

人类的大脑由1000亿个神经元组成。这里的神经元其实也就是我们通常所说的脑细胞。1000亿是个非常惊人的数字，如果你知道生活在4亿年前的海鞘，仅仅凭借300个神经元就能完成一切与生存有关的活动的话，你就知道拥有1000亿个神经元意味着什么了。

是的，如果我们一定要说明人类与地球上其他生物在智能上的区别的话，我们完全可以用脑细胞的数量来说明一切。

与人体的其他细胞不同，脑细胞是很少再生的。尽管它的数量极为庞大，但终其一生，我们的脑细胞总数量只会不断减少，很少会出现增加的情况。这是一个让人沮丧的结论。消极的人可能会担心自己的脑细胞死得过快而成为白痴。

幸运的是，这种担心是多余的。即便我们从出生开始每天死亡100个脑细胞，到我们去世的时候也能保留住至少99%的脑细胞。一个人成为天才或白痴，主要不是取决于他的脑细胞数量，而是取决于脑细胞之间的连接数量与质量。

人类的大脑之所以能够具有如此强大的功能，很大程度上并不是因为脑细胞本身，而是由于脑细胞之间的连接方式。我们可以想象一下互联网的工作方式。每一天，我们的互联网上都有数以亿计的网页在更新和产生（想一想我们更新的微博、微信就知道这个数字绝对不夸张）。但是这些网页中的绝大多数都不可能被我们看到——除非它们能进入搜索引擎。对于中国大陆的网民来说，一个不能被百度搜索到的网页只能成为孤芳自赏的页面。即便作者不去删除这个网页，对于大多数网民来说这个页面也等于不存在。

人类的大脑按照相同的方式工作。一个神经元只有进入网络神经系统，才有存在的价值。脱离这个系统的神经元会在大脑自发进行的清理活动中被剪除。事实上，在我们几个月大的时候，我们的大脑就开始不断剪除那些游离在神经网络之外的脑细胞了。一些重要的神经通路如果不能在生命早期打通，将终生封闭。比如，人类的视神经只能在生命早期形成，如果在这段关键时期婴儿的眼睛被遮挡住，他将永远失明。所以，对于初生的婴儿来说，他接触的刺激越多，形成神经连接的机会就越多，在智能表现上就有可能越聪明。

过去，在研究人类的智能表现时，我们关注更多的是脑细胞本身，很少有人去关心那些比头发丝还要细很多的神经连接纤维。现在我们终于知道，脑细胞本身无法决定我们能做哪些事、做得有多好，但神经连接纤维却可以。科学家们经过研究发现，天才与普通人的大脑从宏观上看没有太多区别。爱因斯坦的大脑并不比我们的更重一些，但是天才们所拥有的神经连接数量和质量要远远超过常人。

就数量来说，神经连接的数量越多，我们能够产生想法的种类就越丰富，产生具有创造力的洞见的概率就越大。

而质量在某种意义上比数量更重要。在高倍率的显微镜下，我们可以观察到，天才们大脑中神经连接的直径要比普通人的大很多。简单地说，他们的神经纤维比我们的粗。在生活中，我们常常把丢三落四的低智商表现称为"粗心"。对于神经系统来说，"粗"未必是坏事。如果有人说我们的神经很粗，这等于在夸奖我们聪明。每个人的神经纤维直径都会和别人有所不同。如果说人与人之间在智能上真的存在器质性差距的话，神经纤维的直径绝对是最重要的差距之一。造成这种差异的关键，并不是神经纤维内部的厚度——在这方面，天才和普通人并无明显差异。关键是包裹着神经纤维的那层表皮——被神经学家们称为"髓鞘质"的物质，其厚度明显因人而异。

这种活性物质并不是伴随着人类降生就自然存在的。它完全是人类后天活动形成的产物。当我们进行思考的时候，与之相关的脑细胞会一次又一次地进行放电活动——这是在传递神经信号。神经学家们把这个过程称为神经冲动。如果不考虑脑细胞之间的信息传递的话，我们思考的过程就等同于放电的过程，我们思考的速度就等同于放电的速度。决定我们的脑细胞是否放电的，是外界的刺激以及大脑对其所做出的反应。而决定放电速度的，就是我们刚才提到的那层被叫作髓鞘质的东西。

髓鞘质的外形极其丑陋，像一块长满了疤痕的香肠皮。过去神经学家和心理学家都把注意力放在大脑细胞上，很少有人关注这块丑陋的"香肠皮"。但是，随着脑科学的研究不断深入，科学家们越来越发现，脑细胞本身无法解释我们为什么能够迅速学会一些新本领，为什么我们能够快速适应新环境。但髓鞘质可以解释这一切。

髓鞘质所起的作用其实很简单，它就像普通电线外面的那层绝缘表皮。有了这层表皮，脑细胞在放电的过程中就会减少很多损耗，从而导致放电速度变快。髓鞘质越厚，绝缘效果越好，放电速度越快——我们思考的速度也越快。过去，我们夸奖一个人聪明的时候，常常说他"脑袋转得快"。实际上这个褒奖应该授予髓鞘质。

我们知道，一切生物能够存在和延续，和它们的基因有莫大的关系。基因相当于一套预设在生物体中的程序。你有几只胳膊、几条腿，眼睛的瞳孔是什么颜色，都是在基因程序里设定好了的。婴儿在刚刚出世的时候就能主动寻找母亲的乳房，并用力吸吮，这绝不是后天学习的结果——如果每个妈妈都肩负着教授孩子吸吮乳汁的重任，恐怕我们人类离灭亡也就不远了。这些技能是事先设定在基因中的程序，无须任何人教导，我们就会做。

这有点像我们电脑中的操作系统。在你把电脑买回家之前，Windows之类的操作系统就已经安装在里面了。电脑的操作系统可以让我们完成很多基本的任务，比如打字、制作表格、上网、看普通格式的视频等等。

但是，如果你想完成更多任务，比如进行一次多线程的且支持断点续传的下载，或者将一段视频截取成N个小段，并将这些小段转化成其他视频格式，再或者你想玩一部大型3D视频游戏，原有的操作系统将无法满足你。

事实上，这些需求永远无法被厂商提前满足。首先，没有人知道你究竟还需要哪些操作系统以外的功能。其次，也是更关键的，电脑硬盘的空间是有限的，而你的需求却是无限的。如果你想拥有这些新功能，就必须购买新的软件，新的软件会让你的电脑拥有新的功能。

基因就是我们身体中的操作系统。我们赖以为生的大部分功能都是由基因控制的。但是，基因无法告诉我们如何打字、如果使用智能手机、如何开车。这些功能是无法预先设定的。毕竟，我们那生活在非洲草原上的祖先无法知道他们的后代可以拿着一个比手掌还小的东西和远在千里之外的人通话。基因的信息表达是极其有限的，而人类生存的环境却在不断变化。必须有一种类似于电脑软件的东西帮助我们扩展大脑和身体的功能，否则我们就无法适应环境，并很有可能面临被淘汰的命运。

我们把这种掌握新技能的过程称为"学习"。学习并不一定是坐在教室里听一些成年人讲话。广义上的学习包括一切经由经验或实践的结果而发生的持久改变。我们所有人都知道，当我们掌握一些技能后，身体内部会发生一些改变，但是很少有人能说清楚究竟哪里发生了改变。

这个答案在20世纪末被神经学家破解了。导致我们发生变化的，便是前面谈到的髓鞘质。我们在后天掌握的全部技能都可以在神经轴突的髓鞘质里找到证据。在高倍显微镜下，我们可以看到那些出色的音乐家拥有远比一般人发达的髓鞘质，正是这些厚厚的髓鞘质让他们成为音乐家。同样，获得诺贝尔物理学奖的人，写出千万册级别销量畅销书的作者，都拥有极为发达的髓鞘质。髓鞘质的附着部位不同，人的技能便不同。毫不夸张地说，是髓鞘质让我们成为我们现在在镜子里看到的那个人。

髓鞘质存在的意义不仅仅是让我们的思维变得更快。我们对未来的思考能力，那些偶尔闪现于我们大脑中天马行空的灵感，那些看似来自神秘领域、不可捉摸的创意，都是髓鞘质的杰作。

爱德华·波诺是这颗星球上对创造力研究得最透彻的人。他终其一生都在研究创造力的源泉。在波诺之前，人们一直拒绝用科学的态度研究创意。宗教人士把人类的创造力归因于上帝。超级畅销书《思考致富》的作者拿破仑·希尔把创造力归因于宇宙外空间的神秘力量。还有无数文人墨客把创造力归因于爱情和酒精。我们中国人最为熟知的诗仙李白便是后一种观点的代言人。波诺对这些说法不屑一顾。在他看来，创造力并无任何神秘可言，它绝非来自宇宙外空间，也不是上帝的恩赐，更不是爱情和酒精的产物，它只是一种特殊的思考方式的产物。在波诺看来，用常规的思维方式思考问题，只能产生常规的结果。想得到非常规的结果，就必须使用非常规的思维方法。

波诺写了很多与创造力相关的书，但其中最著名、也最有代表意义的著作是《水平思考》。在书中，他谈到一种观点：要想产生创意，必须让两种或者更多看似无关的信息融汇在一起。看似不相关的信息有可能引发不平凡的思考，并让创意从中产生。但是，即便掌握了这一创造性思维的原理，也不意味着我们可以成为爱迪生那样的发明家。制约我们向发明家目标迈进的，还是髓鞘质。

人的短时记忆能力只能持续很短的时间，通常只有几秒钟。这意味着，每时每刻出现在我们大脑中的想法都是转瞬即逝的。那些在前一秒钟还被我们关注的事情很可能在下一秒钟就在我们的大脑中消失了。

导致创意产生的关键，是我们可以同时加工许多看似无关的信息。尽管我们知道是表面上并无关联的信息导致了创意，但问题是看似毫无关联的信息太多，我们无法知道哪些信息的组合可以产生创意、哪些信息不会。于是，我们在短时记忆消失之前能够完成的信息加工量就成了创意产生的瓶颈。在同样多的时间里，通过我们大脑的信息量越大，产生创意和洞察力的可能性也越大，反之则越少。

导致信息传递速度差异的关键是我们大脑中的髓鞘质。所以，从理论上讲，髓鞘质发达的人更容易成为富有创意的人。对于学生来说，当面对陌生的、从未见过的题型时，是否能够找到思路去解题，也取决于髓鞘质的发达程度。

让你的髓鞘质变厚

想提高成绩，改善学习表现，就必须让大脑产生大量的髓鞘质。而想形成大量的髓鞘质，就必须进行大量的练习，而且是精深化的练习。

既然髓鞘质如此重要，你很可能会思考：怎样才能获得发达的髓鞘质呢？也许有人会想到服用药物。这样的想法并不是空穴来风，毕竟在中国内地很多保健品都是打着健脑的旗号进行销售的。可惜的是，几乎没有一种健脑保健品可以实现它们宣传中所说的效果。至于让大脑生长出发达的髓鞘质，那就更不是药物和保健品能做到的了。事实上，获得发达的髓鞘质只有一条途径，那就是练习——大量的、精深的练习。

每一秒钟，我们所做的事、所想的问题，都会直接影响髓鞘质的形成。当你一次又一次思考相同的问题时，脑细胞会一遍又一遍地释放出电流。神经胶质细胞一旦感应到电流，就会像蜜蜂闻到花香一样蜂拥而至。第一批达到的胶质细胞会把自己的身体变成一张薄薄的小饼，紧贴着神经轴突进行包裹，并最终形成髓鞘质。第二批到达的胶质细胞会沿着"前辈们"的足迹继续进行包裹，形成新的髓鞘质。一层又一层的神经胶质细胞就像一层层的绝缘胶布，把神经轴突包裹得密不透风。经过髓鞘质包裹的神经连接可以用更快的速度完成神经信息的传导。下一次，当大脑面临相关刺激的时候，那些已经髓鞘质化的神经连接会被优先使用到。当电流经过这些神经轴突的时候，新一轮的髓鞘质化又开始了……

就像现实世界中的贫富两极分化一样，我们的脑细胞也不是生活在"贫富均等"的世界里的。现实世界的贫富是由我们的财富多寡来决定的，而大脑世界中的贫富则是由神经连接数量和髓鞘质的厚度来决定的。

还记得你是怎样记住26个英文字母的吗？在你对英文一窍不通的时候，记忆这26个字母是否花费了你不少力气？因为包裹与26个字母相关的神经轴突的表层几乎是完全裸露的，神经电信号传递的效率极低，这导致你每次回忆字母都会花上很长时间，也许还会犯错。

但是，随着你越来越多地使用这26个字母拼写单词，你的脑细胞发生了变化。那些与英文字母有关的神经轴突开始被越来越多的神经胶质细胞包裹，并完成髓鞘质化的过程。一旦髓鞘质形成，你便再也无须花费力气记忆这些字母怎样写、怎样读了。使用它们完全变成了自动化的过程。你甚至会有一种错觉，好像这些字母并不是刚刚学会的，而是你在很久以前就掌握了这些字母的使用方法。

现在，你总该明白为什么有些孩子总是比其他孩子更快得出答案，为什么有些人记忆课文就是比其他人更快了。你可以说他们聪明，但是更准确地说，他们只是在有意或无意的情况下将自己的神经轴突髓鞘质化了。

提高成绩，改善学习表现，就必须让大脑产生大量的髓鞘质。而想形成大量的髓鞘质，就必须进行大量的练习，而且是精深化的练习。

对于大量的练习，我没有更多话好讲。但不是每个人都能理解"精深化"的内涵。

单纯的大量练习无法让你变得更聪明。整天重复"1+1=2"，你将永远也无法成为数学高手。想获得新的技能，就必须进行全新的尝试。很少有人能一次就把事情做对。尝试的过程必然充满了各种错误。在技能熟练的人看来，这些错误无一不是愚蠢、幼稚、不可理喻的。但是对髓鞘质来说，这些错误却是它们形成的催化剂。离开了犯错和主动纠错的过程，厚厚的髓鞘质就无法形成。

脑细胞不知道什么是犯错，在学习新的技能和知识时，它只是尽力在新信息和旧信息之间构造联系。那些能够与旧信息直接产生联系的新信息，会被大脑接受。如果重复的次数足够多，编码足够合理，也许还会被永远记住。而那些与原有的信息相去甚远的新信息则会被大脑抵制。它们即便被勉强记住，很快也会被遗忘。

我们可以用童年时玩过的跳棋来形容这个过程。除非有原来的棋子搭桥，否则我们永远无法到达新的位置。如果我们的棋子偏离大部队太远，我们就必须一步一步地挪动它，直到它可以凭借先头部队搭建的"桥梁"前行。

这个一步一步挪动的过程，就相当于我们人类在思考和学习中犯错的过程。表面上看起来，这些错误是不应该犯下的。但事实上，它们是在为正确的神经连接搭建桥梁，髓鞘质总是在"错误—次优—最优"的过程中被不断强化。犯错为髓鞘质的形成提供了极为宝贵的机会，还让新旧信息可以在大脑中连接成一个统一的整体。我们能成为今天这样明智的人，绝大部分功劳要归结于我们过去犯过的错误。

然而很多成年人不懂这一点，他们一再嘱咐自己的孩子或者是学生不要犯错。他们希望孩子们能够在第一次就把事情做对。这样的要求不但不切实际，而且还扼杀了髓鞘质形成的机会，一个小心翼翼、生怕犯任何错误的人，必然会减少尝试犯错的次数，从而减少髓鞘质形成的机会。

正确的做法是，努力犯下错误，然后努力纠正它们，接着犯下更多的错误，从而让更多的错误得以纠正！

看到这里，我不希望你得出这样的结论：犯错就会使人变得更聪明。如果犯错等于成功的话，那么智障人士就应该是世界上最成功的人士，因为他们每天犯下的错误都是正常人的数倍。

失败从来都不是成功之母，对失败的反思和纠正才是。问题的关键不在犯错本身，而在于我们如何对待错误。

孔圣人拥有弟子三千，其中光是被公认贤明有道德的（贤者）就有72人。在《论语》中，孔子对部分贤者做了一些评价。在我看来，孔子评价最高的，是他的弟子颜回。

孔子给颜回的褒奖有很多，但最不寻常的一句是"颜渊不二过"，意思是颜回从来不会犯相同的错误。如果孔子的话是真实的，那么颜回绝对可以被称为超人了。

我们不是超人，更不是颜回，但我们绝对要把颜回当作自己的榜样。聪明人总是能够从自己的错误中及时总结教训，并避免以后犯同样的错误。这种总结能力对于学习者至关重要。对学生来说，仅仅是避免自己犯过的错误，就可以让他们的成绩提高一大截，我对此深有体会。

第一次切身感觉到这一点是在初二那年。准确地说，那是我人生发生重大转折的一年。在此之前，我的成绩一直名落孙山，并被迫降级。更糟糕的是，即便是重学一次课程，我还是考不过那些第一次学习的弟弟妹妹。学习对于当时的我来说是极为痛苦的事情，我也无法从学习中找到丝毫快乐。如果那个时候就有《2012》之类的电影的话，我相信自己一定会毫不犹豫地支持地球毁灭——只要我不再上学。

而这一切在我初二那年的冬天突然发生了变化，而且是180度的变化。我不但爱上了学习，而且还爱得很疯狂。我不顾一切地寻找自己曾经犯下的错误，向老师求教，向同学求教，还把这些错误的原因和改正方法都记在一个本子上，并工工整整地在本子的封皮上写上三个大字——"错题本"。

这个错题本成了我的秘密武器。每次考试之前，我都会反复看里面的错题，确保自己不会再错。

效果是极其明显的。每次小考我的成绩都会有所提高。一个学期下来，我的各科成绩提高了5～30分不等，总名次提升了十多名。这次成功让我感受到了"纠错学习法"的巨大威力，从此，我更加坚定了总结错题的想法。

就像我没有使用错题本之前，好奇为什么有人会傻到把每一道错题都抄在本子上一样，使用过错题本后，我更好奇为什么这么有用的学习方法却很少有人认真使用。

大家为什么不愿意使用错题本呢？我想原因可能主要有以下三个方面：

第一，总结错题会花费大量的时间。其中抄写错题的过程尤其琐碎。很多人宁可去做新题，也不愿回顾错题。在作业比较繁重的情况下，很少有人愿意单独花费时间去抄写以前做错的题，更不愿意花费精力去总结。懒惰葬送了我们前进的机会。

第二，很多人都过分自信地认为自己已经修正过的错误不会重犯。这种奇怪的错觉来自于人类短时记忆的局限性。当错误被纠正的时候，绝大多数人都把自己的精力集中在对正确回答的理解上，很少有人会有意识地反思究竟是什么导致了他们最开始犯下的错误。换言之，他们并没有真正理解自己犯下的错误，他们只是理解了正确的答案为什么是正确的。毫无疑问，这种理解会随着时间变淡。当老师讲到下一道题时，那些所谓的被理解了的知识已经开始模糊了。经过一天的沉淀，这些蜻蜓点水式的理解大部分都消失了。而当事人却还被蒙在鼓里，以为自己不会再犯这些错误。当下一次他们遇到同样的问题时，强大的思维惯性会让他们重蹈覆辙。

第三，很多人觉得已经考过的试题重复出现的概率很小，所以不值得去总结。这种观点不是完全没有道理的。对于中高考这样的大型选拔性考试而言，试卷上极少会出现已经考过的试题。但这并不意味着已经学过的知识点、已经考过的设问方式不会再出现。

我们必须清楚这样一个事实：考试的范围总是有限的。命题人再有创意，也不能跑到考试范围以外去命题。他也许可以规避市面上已有的任何现成习题，却绝对无法规避已经出现过的考查套路，更无法规避考试说明中的知识点。命题者所能实施的创新并非没有边界，他们必须在游戏规则的框架内发挥想象力。

因此，如果你做过的试题类型和角度足够多，就会发现同一知识点的考查套路是非常有限的。所谓的新题只是在这些有限的套路中进行新的排列组合罢了。如果你能精通这些套路，就能做到胸有成竹，无论命题者怎样命题，你都能确保自己立于不败之地。

如果你想做到这一点，就必须养成总结错题的习惯。

没有人喜欢犯错，但这的确是让我们变聪明的"不二法门"。所以才会有人说，所谓的专家不过是在某个领域犯错最多的人。但只是不断犯错却不去反思犯错的原因，结果同样会一无所获。

就像学习，只有在不断总结的过程中，你才能透过试题的表象，看到更深层的命题规律。当总结的错题足够多时，你会发现同类试题重复出现的概率还是很大的。而大多数人都会反复在同一个地方犯错，如果你克服了这一点，你就能超越大多数人。

第十三章

13

进入『林克训练器』

　　虽然考试题目"千变万化",但考题背后所要考查的知识点却是有限的,所以我们才会不断通过做题巩固知识点。但你知道怎样的习题才是性价比最高的吗?

最有效的练习

就像林克用他的飞行模拟器训练飞行员一样，我们也需要用中考和高考原题来磨炼我们对毕业考试的"感觉"。

1934年之前，世界上最危险的职业是什么？

你可能会想到在战壕里冲锋的士兵，可能会想到在井下挖煤的工人，也可能想到深入丛林的冒险家。但是，我相信很少有人会想到飞行员。

你没看错，这个承载着无数人梦想的职业同时也是世界上距离死神最近的职业。以美国为例，1912年，其飞行员的意外坠机死亡率高达57%。大约四分之一的飞行员在没有走出飞行学校的大门之前便殒命蓝天。这个死亡概率超过了其他任何一种非战争状态下的职业。

不可否认，当时的飞行设备要比现在简陋许多，20世纪30年代最先进的战机配备的安全设施也无法与现代最落后的民航客机相提并论。但这并不是造成飞行员大量死亡的直接原因，甚至也不是主要原因。

　　早期的飞行训练相当原始，飞行教练判断学员是否有成为飞行员潜质的最主要标准竟然是会不会晕机。如果在教练做了一系列翻滚的动作后，学员仍然能泰然自若，而不是把早餐吐在座位上，他便获得了被当作未来飞行员来培养的资格。学员一旦获得教练的认可，便可以直接进入飞机操作。当飞上蓝天的时候，他们只能寄希望于自己的运气足够好、命足够大。对于新手来说，突然的风向变化、迎面扑来的飞鸟、不期而至的暴雨都有可能是死神的邀请函。当时的王牌飞行员不过是在死神摇骰子的过程中侥幸逃出生天的幸运儿罢了。

　　这种糟糕的情况在1934年达到了顶峰。美国陆军航空大队的将军们为了提高空军的地位，主动派飞行员承担邮件的运送任务。结果，短短20天之内就有9名飞行员丧生。这个死亡率几乎快要超过在火线上厮杀的士兵了。罗斯福总统愤怒了，如果照这个情形发展下去，不用敌人的空军前来袭击，单单是几封航空信便可以让美国陆军航空大队全军覆没。他找来当时的空军总指挥，询问为什么会发生这样的情况。总指挥承认，是目前的飞行员培训系统出了问题。罗斯福责成总指挥寻找有能力训练美国空军的人。经过一番辗转，他们找到了埃德温·林克。

　　林克没有参加过一战，他甚至不是美国空军的一员。生活最落魄的时候，他曾经在乡村游乐场租用玩具给流着鼻涕的孩子们玩。但就是这个没权势、没背景、其貌不扬的年轻人改变了美国空军，乃至全世界空军飞行员的命运。这一切都因为林克发明了一台奇怪的机器。林克把它命名为"林克飞行训练器"。

　　所谓的"林克飞行训练器"实际上是一个模拟飞行舱，里面布满了各种飞行操纵按钮，整个训练器可以倾斜、翻滚。最关键的设计是，一旦操作失误，训练器前面的红灯便会亮起，进而可以让飞行员及时进行调整。

　　与飞行在几千英尺的高空相比，林克飞行训练器最大的好处就是——飞行员不再需要以生命为代价来换取经验了。对于飞行员来说极为危险的雨雾和暴雪天气，现在可以在小小的林克飞行训练器里完成模拟。如果你操作错误，不是一个跟头撞在地上，而是看到机头的红灯亮起。过去经过九死一生才能学到的东西，现在可以不冒丝毫风险地学到。

美国空军的军官们和林克约定见面的当天，空中下起了瓢泼大雨。对于这些久经考验的军官来说，想在这样恶劣的天气中驾驶飞机并实现着陆，无异于送死。他们摇了摇头，打算离开机场。可就在这时，一阵飞机的轰鸣声从云层上面传下来，军官们停下了脚步。他们眼看着林克的飞机像幽灵一样出现在机场上空，并平稳着陆。当军官们得知林克刚才的飞行只是依靠仪表来进行时，不禁目瞪口呆。此时此刻，任何语言的评价都是苍白的，林克赢了。

很快，美国空军开始使用林克飞行训练器对飞行员进行训练。飞行员的培训周期被大幅缩短，死亡率大大降低，同时飞行员的技术也更加成熟。林克飞行训练器曾经让美国空军占尽优势。遗憾的是，由于缺乏远见，美国政府竟然默许林克把他的飞行训练器卖给日本、德国和苏联。结果二战期间，这三个国家的飞行员也迅速成长起来，美国政府为自己的目光短浅付出了沉重的代价。

林克飞行训练器的威力不仅仅体现在飞行员培训上。如果你仔细思考，会发现我们可以用同样的方法来进行任何一种形式的学习，包括我们在学校的学习。

从某种意义上讲，参加中考、高考和开飞机差不多。

开飞机不能有任何闪失，一不小心就可能机毁人亡。在中考和高考的考场上，因为不细心丢个两三分是很正常的事情。而这两三分很有可能会让一个学生与自己的理想失之交臂。

开飞机是一种技能，必须不断训练才能提高。应对考试也是一种技能，这种技能也需要大量的练习才能提升。对于飞行员来说，最有效的训练方法从理论上讲就是在蓝天上实际驾驶，但这种方法很不安全。他们在空中所被允许犯下的错误数量是以他们的生命为上限的。

同样，对于学生们来说，提高他们考试技能最有效的方法，就是和那些应届的考生一同考试，但大多数人都只愿意参加一次中考和一次高考，过多大考失败的打击，会让他们失去信心。

有没有办法既能让学生们掌握实践经验，又不至于折损他们稚嫩的信心呢？

答案是肯定的。林克飞行训练器给我们提供了一个非常重要的启示，所谓的飞行训练器并不能飞，它只是在地面模拟飞机所能完成的一些基本操作。我们可以发现这里有一个前提，林克飞行训练器必须能够真实地模拟飞机的操作以及各种反应。如果飞行员们面对的只是被大幅简化的儿童玩具，无论他们练习多久，都无法学会开飞机。这就像一个有本事在《极品飞车》里次次拿到第一名的玩家，在现实生活中却不会开车一样。

我们的学校为我们提供了大量的训练机会，很多学校甚至使用了恐怖的题海战术。一些市县的某些中学，甚至连星期日都不放假，把学生们困在教室里，无休无止地做题。这些学校和教育工作者的本意是为学生们提供"林克飞行训练器"。但遗憾的是，他们实际提供的只是比较接近林克飞行训练器的"玩具"罢了，因为这些试题并不规范，它们并不完全符合中高考的命题要求和考查方式。

对于学生来说，最纯粹、最有能量的"精神食粮"是中考和高考原题。

理论上讲，除了极少数偏难怪的考点不会考到，大多数常规考点都是有机会考到的，而知识点的数量是有限的，所以不同中考和高考年份里考查相同的知识点也不是什么奇怪的事。我们重视历年中考和高考原题绝不仅仅是为了寻找那些重复考查的知识点。中高考试题是抽象的选拔要求的具体化。因此，我们最关键的任务，是从中高考试题中找出命题者真正希望考查我们的东西，并将其强化。

目前国内的教辅市场极其混乱，基本上呈现出"天下试题一大抄，看你会抄不会抄"的局面。抛开常规的随堂训练和单元试题不讲，即便是普遍被寄予厚望的全国各省市高考模拟题也罕有高质量的原创。很多所谓的"原创性试题"要么是对以往习题的粗暴改编，要么是不靠谱的无脑原创，其命题立意和答案的规范性距离中考和高考原题相差甚远。大量训练这类习题，只会让学生的头脑日益僵化。当他们真正走入中考和高考考场，考后真正拿到中考和高考答案的时候，才会发现自己一直在玩的是另一种游戏。

短时间内，这样的状况很难有所改观。所以，我们才会发现国内发行量最大的教辅竟然大多是历届中高考真题的汇编。

但是，你别以为只是走马观花地做一遍中高考原题就可以平步青云了。我们前面曾经强调过，中考和高考考查的是学生的真实能力和水平。我们做真题的目的不是期待同样的试题再次出现，而是希望通过做中高考原题来锻炼出题者希望我们具备的能力。因此，不同于平时的练习，我们在做中高考原题的时候，一定要反复琢磨，做深做透。

对于选择题来说，我们不能仅仅满足于选对，还要知道正确的选项为什么正确。仅仅知道正确选项对在哪里还不够，我们还要知道其他几个选项为什么不能选，它们究竟是错了，还是与题意无关？如果错了，错在哪里？如果无关，为什么无关？以后遇到类似选项的时候，我们怎样才能做到不误选？

对于大题来说，我们也不能仅仅满足于做出正确的结果，最关键的是要明白这道题的思路是如何形成的。无论是文科试题还是理科试题，都是如此。完全一样的试题重复出现的可能性为零，但是同样思路的试题重复出现的可能性就很大了。就像我们前面所说的一样，就某个特定的知识点而言，其出题思路总是有限的。在某种意义上，出考试题就和变魔术差不多。虽然魔术表演的形式千差万别，但是基本的原理和套路却非常有限。出题者想完全规避以前的出题套路，另起炉灶，就像魔术师完全躲开其他所有魔术师使用的技巧一样不可思议。如果你能把一道试题反复咀嚼，彻底弄懂，就等于把相同思路的无数道题都弄懂了，以后再考查这类问题就无法难住你了。

所以，不要对做题的结果斤斤计较。做对了不要骄傲，因为那个答案很有可能是你偶然猜对的，并不是你真实实力的体现。做错了也不要沮丧，因为你很可能已经找到了正确的思路，只是在实际动笔的时候出现了一些小小的失误，才导致了结果的错误。每做完一道题，都要琢磨以后再遇到类似的试题时应该怎样思考，怎样才能最快地找到思路。同时，与这道题相关，却又未考查的知识点还有哪些，怎么修改设问才能考到那些知识点。

如此这般，我们完全可以根据一道试题总结出多个解题思路和做题方法。只有对试题举一反三，我们才能最大限度地从中高考原题中"榨取"剩余价值。

当我们有能力把近五年来的中高考试题全部做对，并掌握其中蕴含的要点和规律时，我们在升学考试中就几乎稳操胜券了。但是，在这里我们只能说"几乎"，不能说"一定"。这不仅仅是表述严谨的需要，还因为有一个独立于知识掌握程度之外的因素可以左右我们的成绩——那就是我们做题的速度。

没有任何一套中高考试题会在卷面上白纸黑字地写上这套试卷想考查什么，但是出题者会在题目的字里行间向考生传递信息。他们会用考题让考场里和考场外的学生们明白，哪些是重要的，而哪些东西并没有我们想象中的那么重要。

如果你能把过去五年的中高考原题全部做对，并真正弄明白这些试题想考查什么，你将有资格在报考范围内任意挑选一所理想的学校就读。

快速答题的诀窍

很多考试会刻意把超量的信息堆放在试卷上，甚至一些考试在设计时就有意让大多数人答不完试卷，由此带来的心理压力，可能会让学生发挥失常。解决这个问题的办法其实很简单，那就是大量高强度地练习。

即便我们的知识掌握得再全面，做题的准确率再高，如果做题速度太慢，以至于总是答不完试卷，我们的成绩也高不到哪里去。速度在人类从事的大部分事业中都占有非常重要的位置。在战争中，比敌人早五分钟抢占有利地形往往意味着我们的胜利和敌人被消灭。相反，如果不凑巧的是我们晚了五分钟的话，那被消灭的很有可能就是我们。考试没有战争那么残酷，但是其对时间的倚重程度却与战争差不多。五分钟在平时也许只是弹指一挥间，在考场上却可能意味着十道总分为40分的选择题或者是一道20分的大题。如果你在别人做完十道题的时间里只完成了五道，那么这场考试你几乎输定了。

与电影、游戏等娱乐形式有意识地控制信息的输入时间和节奏，以人性化的姿态为我们带来舒适感不同，考试在时间和信息容量的安排上从来都不是人性化的，很多试题会刻意地把超量的信息堆放在试卷上，甚至一些考试在设计时就有意让大多数人答不完试卷，比如公务员考试，单单是其如杂志一般的厚度，就足以让很多考生倒吸一口冷气。这没有什么好奇怪的，答题速度本来就是要考查的众多能力之一。

试题的容量带来的影响绝不仅仅是能否答完试卷的问题。从心理学上讲，当我们预感到面对的任务超出了我们的能力范围时，会感受到巨大的压力，进而产生焦虑心理。在这种心理状态下，我们的实力和水平很难正常发挥，很多原本应该能够做出来的试题也许会无端卡壳而得不到理想的分数。

解决这个问题的办法只能是进行大量的高强度练习。就像我们练习水下憋气一样，一开始我们每个人都是只能憋一分钟左右，但是随着我们逐渐习惯了这种压力，我们会憋得更久，最终可以像人鱼一样在水下自由地遨游。

我们选择的练习对象可以是不完整的试卷——对于平时课业特别紧张的学生来说，他们无法拿出大块的时间做完整的考试题。但是我们可以使用分解法为不同的试题类型计算出相应的合理答题时间，并针对这个题型进行小规模的专项训练。

以英语为例。假如英语考试的时间是120分钟，而它的题型可以分为单选、阅读、完形填空、改错和作文，我们应该如何利用分解法计算每道题合理的答题时间呢？

首先，我们要计算在考场上有哪些非答题时间，比如涂写答题卡。对于拥有近百道选择题的英语考试来说，涂写答题卡的时间不是可有可无的。我曾经见过一名高考考生，他为了给答题抢出更多的时间，有意先不涂卡，在考试离结束只有不到两分钟的时候才开始涂卡，结果只涂到一半就被监考老师抢了卷。本来一片光明的前途就这样被他的小聪明毁掉了。这是一个极为惨痛的教训。对于涂卡这个环节，我们不但要留出足够的涂写时间，还要把检查的时间计算进去。尽管每个人都以为倒霉事不会发生在自己身上，但每一年的中考和高考都有人因为涂错答案而自毁前途。检查答题卡上的答案是否就是自己做出来的那个，这个过程不过是几分钟的时间，却有可能改写你一生的命运。所以，这部分时间是必须预先留出来的。

假设涂写和检查答题卡的时间总共是10分钟，那么留给真正答题的时间就只有110分钟。接下来我们要做的就是对各种不同的题型进行时间上的分配。比如，单选题我们留出20分钟的时间，作文我们留出25分钟，改错留出10分钟，完形填空留出15分钟。这样算下来，留给阅读的时间就只有40分钟。

接下来要做的是更加详细的试题时间划分。以英语考试中分量最重的阅读理解为例。假如试卷上有四道阅读题，那么每道阅读题能够被分配到的时间就只有10分钟，这其中还包括阅读英语材料的时间。如果我们打算提高自己的做题速度，就必须训练自己在10分钟之内完成一篇阅读理解题。只要有了明确的目标，我们总能找到达到目标的方法。即便我们每天以这样的时间要求做两篇阅读理解题，所花费的时间也不过是20分钟。这样的小块自由时间在自习课上很容易找到。如果我们每天坚持训练，那么不出一个月，我们在阅读理解题上的答题速度就会大幅度提高。一开始，高强度的训练一定会带来错误率的升高。不过随着训练的不断进行，我们的正确率也会随着答题速度的上升而不断攀升。当习惯了在高强度的时间限制下答题时，我们就有能力从容地应对升学考试了。

以上只是以英语学科为例，其他学科也应该如法炮制。很多看似遥不可及的学习目标，一旦被细化成可以马上执行的微型目标，就比较容易实现了。

充足的训练一方面可以提高答题准确率，加深考点记忆；另一方面可以提高答题的速度，在考场上，比别人多一分钟，就相当于多了一分优势。强悍的答题技能绝不是先天的，更不是单纯依靠题海战术实现的，只有精心挑选高质量的习题（主要是毕业考试原题），进行精细化的反复训练才能获得这种能力。

建议配合二维码一起使用本书

入群与书友相互交流，高效阅读

好书推荐 » 社科资讯 » 书友交流社群

本书为您提供"入群与书友相互交流，高效阅读"主题服务，您可以通过以下步骤进行学习，事半功倍，高效学习。

1 【专享社群】
与同读本书的读者交流阅读感悟，分享好的阅读方法。

2 【必看资讯】
及时掌握最新的热点资讯。

微信扫码
获取本书配套服务

此外，读者还可以获取以下权益

★ **好书推荐**：与本书相关的社科文学类好书

★ **线下读书活动**：社科文学类相关线下读书活动

一直以来的被动听讲学习效果一般？处于学习低谷的我们想后来居上，也许是时候变被动为主动了！

"学习金字塔"理论

"学习金字塔"理论告诉我们，被动学习带来的直接影响是极低的学习效率；相反，主动学习能让我们更好地记忆、理解新的知识内容。

大约4岁那年，我突然间对父亲的香烟产生了兴趣。更具体一点说，是对那忽明忽暗的烟头产生了浓厚兴趣。但是对烟头感兴趣无疑是危险的，尽管我想近距离观察烟头，但是父亲总是会想方设法让我远离。他告诉我烟头很危险，如果我碰了它，会受到伤害。但是这种解释除了更加激发我的好奇心之外，貌似并没有起到它应该起到的作用。

终于有一天，趁着父亲送客人出门，我把手伸向了烟灰缸上正在燃烧的香烟……结果可想而知。自那次以后，我再也不敢靠近正在燃烧的香烟了。

类似的经历我相信各位都曾经有过。很多事情，我们仅仅从别人嘴里听到是很难留下深刻印象的。不过如果是我们亲自尝试过就不一样了。

　　1946年，美国学者埃德加·戴尔提出了一种让世人震惊的全新学习理论，叫作"学习金字塔"理论。这一理论的核心思想是，不同的学习方式会带来截然不同的学习效果。戴尔在比较了各种不同的学习方法后得出结论，所有被动的学习方式效果都比较差，其中效果最差的，当属我们常规课堂上的学习方式。而效果比较好的学习方式无一例外都是比较主动的学习方式。在戴尔看来，学生们参与得越多，收获便越多。

　　与主流的教育理论家相比，埃德加·戴尔的观点显得有些离经叛道。传统的教育都在强调老师和学校的作用。这也是家长们不惜血本让孩子进入名校的原因。对传统教育方式的否定让戴尔和他的"学习金字塔"理论站在了大多数美国学校的对立面上。如果传统的学习方式真的像戴尔说的那样不堪，那么我们为什么要花费辛苦赚到的血汗钱去接受学校教育呢？戴尔的"学习金字塔"理论到底能不能站住脚？

　　解开疑惑的时刻很快就来临了。美国缅因州的国家训练实验室围绕着"不同的学习方式对学习的作用"进行了一系列科学实验。他们将学生随机分组，每一组都使用不同的学习方式学习完全相同的内容。两个星期后，这些学生接受相同的测试。理论上讲，如果学习方法对学习效果的影响微乎其微，不同小组的成绩应该不会相差太大。但是实际的测验结果却让参与实验的人员大吃一惊，使用最佳学习方式的小组取得的学习成果是使用最差学习方式小组的18倍！

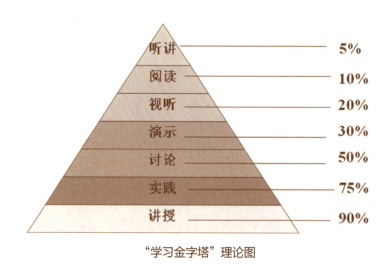

"学习金字塔"理论图

　　其中，位于金字塔塔尖，同时也是效率最低的学习方式是"听讲"。这是学校教育中最传统、最常见的学习方式。通过这种方式进行的学习，在两周后能够留存的学习内容仅占全部学习内容的5%。有95%的学习内容在14天的时间里消失得无影无踪。毫无疑问，当学习者需要这部分知识时，他们需要重新学习。而且如果他们使用的学习方式仍然是听讲的话，在下一个14天里，他们会继续忘掉这些内容的95%！

　　比"听讲"稍好一点的学习方式是文字式阅读。通过这种方式，我们能够在两周后保留住10%的学习内容。（在接下来的文字中，我们所谈及的"学习内容的保留"都是以两个星期作为衡量尺度。）虽然这个数字仍然很可怜，但是与传统的听讲比，其学习效率还是高出了一倍。这对那些拥有良好阅读习惯的学生来说是个好消息。事实上，我不止一次地听到学生和我讲，当他们自己看书的时候，觉得对学习内容的掌握更扎实一些。

　　在这一点上，苏联著名教育家苏霍姆林斯基也持有相同的意见。他主张给学生们更多的自由时间去阅读，甚至是阅读与教材并不直接相关的课外读物。苏霍姆林斯基认为这些看似并不直接相关的课外读物可以扩大学生们的知识面，从而让他们能够更好地接受和消化校内的课程。遗憾的是，尽管苏霍姆林斯基的观点为很多教育工作者赞同，但是能够身体力行的学校却寥寥无几。

与单纯的文字式阅读相比，视觉材料的添加可以让学习效果再上一层楼。那些使用视频和图片进行学习的学生，将学习内容保留了20%。从右脑与左脑工作方式的差异来看，这样的结果丝毫不足为怪。我们在前面花费了大量笔墨来说明利用右脑进行学习的优势所在，思维导图以及其他以右脑为强调点的学习方法都是通过这种途径来提高学习效率的。

值得欣喜的是，现代教材不再单纯使用枯燥的文字来描述课程的内容。很多教材，尤其是低年级的教材，都配备了大量图片。这些图片也许与教材的正文没有太直接的关联，但是它们却足以成为学生们回忆知识时的线索。部分条件较好的学校还使用了多媒体设备来进行辅助教学。埃德加·戴尔的理论和缅因州国家训练实验室的结论为这些现代教育的改进提供了强大的理论支撑。但是，与传统的口耳相传的教学方式相比，视觉技术在教学中的应用比例实在太小了。要求老师们在每节课中都使用视频资料也不是非常现实。大部分学校的多媒体设备只是用来装点门面，以及帮助老师承担公开课任务的。

需要强调的是，缅因州国家训练实验室使用的图片和视频都是由实验人员提供的，参加实验的学生并没有选择，更没有创造这些视觉材料的机会和权利。因此这种学习方式在本质上仍然是被动的。如果以图像为代表的视觉材料不是由教材的编写者提供，而是由学生们自己绘制而成的话，那么学习效果还会进一步提升。主动与被动，也成了这次实验中不同学习方式的分水岭。

在被动式学习中，效果最好的学习方式是实物演示。当学生们亲眼看到镁丝在氧气瓶中燃烧时，他们肯定更容易记住这个化学反应的方程式。在缅因州国家训练实验室的数据中，通过演示保留下来的学习内容是30%。这差不多是用被动的方式进行学习所能达到的极限了。

早在学校系统地运用演示（实验）的方式进行教学之前，西方的商业社会早就将这种技术运用到营销领域中了。20世纪早期美国营销界的鼻祖级专家克劳德·霍普金斯曾经说过，如果你要卖一把拖布，最好的办法，就是让消费者亲眼看到使用拖布的过程。街边小贩的演示方式同样适用于上亿元级别的企业产品。

演示本身其实并没有提供太多的实质性内容，但是它给人们的感官带来的不同刺激却足以使人们记住它。这也是在现代化教学手段如此发达的今天，实物教具展示却仍然牢牢地占据着讲台的原因。

上述四种学习方式，虽然在知识保留程度上和学习效果上有所不同，但是在本质上，它们有着完全相同的特点——它们都是以被动的方式开展学习的。接下来，我们会继续介绍缅因州国家训练实验室中的另外三种学习方式。我们即将看到，这三种学习方式将把传统的被动学习方式打得落花流水。

你觉得主动参与课堂讨论对学习成绩能有多大的影响？尽管所有人都会认为在课堂上回答问题，并积极发表看法是好事，但是很少有人能够充分认识到这里面的好处究竟有多大。缅因州国家训练实验室给出了明确的数据——通过讨论进行学习，可以将学习内容保留至50%。这相当于单纯听讲带来的学习效果的10倍！

对于那些习惯于主动发言的学生来说，这无疑是一个好消息。在实际课堂教学中，我们会发现，那些经常被老师提问的学生，往往成绩上升的速度会比较快。这绝非偶然。如果说老师对学生的学习有什么重大影响的话，提问应该算是产生影响的重要途径。

不过，并不是每个学生都能得到发言的机会。随着教学竞争的白热化，小班教学越来越难以得到贯彻和执行。在短短的40分钟里，老师显然无法把发言和参与讨论的机会平均分配给每一个学生。事实上，能够得到发言机会的学生永远是少数。为了避免由于错误回答问题带来的时间浪费，以及无法回答问题造成的尴尬，老师们会不可避免地把更多回答问题的机会留给那些学习水平中上的学生。这无疑会带来马太效应，穷者愈穷，富者愈富。因此，通过参与课堂讨论来增进学习效果，对于成绩处于落后阶段的学生来说，并不太具备可操作性。

好在主动学习的方式并不只有这一种。"亲身实践"就是一种更强大的学习方式。缅因州国家训练实验室的实验证明，通过亲自参加实践，学生们可以记住学习内容的75%。那些在实验室里认真完成物理和化学实验的学生，很少会记不住实验的结论。而同样的内容如果只是死记硬背的话，很快就会被忘掉。枯燥的历史事件也许很容易被忘记，不过如果学生们能够亲自上阵，扮演一下历史上真实存在的人物，并忠实地演绎历史事件，他们就很难忘却这段历史了。

遗憾的是，并不是所有学习内容都适合亲身实践。很多抽象的学习内容，比如数学，就很难通过"亲身实践"的方式进行学习。当然，通过使用特殊的手段，我们可以对这些抽象的学习内容进行具象化，并在脑海里进行想象中的"亲身实践"（具体方法在本书第十一章中有详细描述），但这需要花费相当多的时间成本。如果只是个别重要的知识点被转化还可以，要是想把所有知识点都转化成可以实践的"有氧信息"，恐怕单从时间上来看就不可能。

有没有什么办法，既可以让学生们享受到主动学习的好处，又不至于让学习过程过于烦琐、过于浪费时间呢？答案是肯定的。缅因州国家训练实验室实验的最后一个学习方式就是"讲授"。说白了，就是让学生扮演老师。仅仅是转换一下角色，学生们的学习效率能提高多少呢？实验的数据几乎让所有人都大吃一惊——通过把知识讲授给别人，学习者可以记住学习内容的90%！

这是我们已知的最高效的学习方法。要知道，一个全神贯注听讲的学生也只能记住5%的新知识而已！这意味着，仅仅是把知识讲给别人听，就可以将一个普通学生的学习效率提高17倍！这比市面上宣称的最有效的学习方法还要神奇。

即便存在铁一般的实验数据，很多人还是难以相信讲授法能有这么大的威力，但是我相信，因为我曾经在无意中做了这件事。当时我还在上初三，学习任务非常紧张，老师们留下来的作业堆得像小山一样。我每天疲于奔命般地完成作业，却还是看不到任何曙光。终于有一天，我突然意识到，如果我只是按部就班地和其他同学一样完成作业，我将永远也无法超越现在的位置。我必须考虑给自己留一些特殊的作业了。

接下来我做了一个决定，这个决定很冒险，但在当时的情境下，我别无选择。我决定放弃疲于奔命地写作业，把整个晚上的时间都留给"讲课"。我让老妈扮演"学生"，自己把白天学习到的重要内容统统给她讲上一遍。我毕竟不是老师，讲得不是那么全面，经常是讲着讲着就卡壳了，然后就让老妈在一旁等着，自己拿着书翻一会儿，或者动笔算一会儿，等明白了怎么回事后再接着讲。由于初三的晚自习上得比较晚，我几乎每天都要在零点以后才能结束我的"课程"。

枯燥的讲课让老妈很痛苦，她曾经不止一次地请求我不要再给她讲课了。我也曾试过自己一个人对着墙壁讲，后来发现效果不好，于是就接着"请"老妈做我的学生。

老师和学生的关系，有点类似于魔术师和观众。很多事情，你不站在舞台表演者的角度，是看不透的。我当时最大的感受是，很多白天自认为听懂了的内容，拿回家来讲之后，才发现自己根本是一知半解，甚至根本就讲不下去。直到第二天我请教老师之后才明白问题出在哪里。如果我只是满足于在课堂上"听懂了"，那么我得到的知识必然是千疮百孔的。甚至，就连我曾经做对的题，在讲解的时候也会出现问题。很多试题的答案，尤其是客观题的答案，在考试或者练习的时候，根本就是蒙对的。我一直紧盯着成绩，以为那些做对了的题就是自己会了的。直到晚上，试图给老妈讲的时候，我才发现原来自己根本没有弄懂这些题。是否能够把知识清晰准确地讲授给别人，在我看来，是检验知识掌握程度的可靠标准。

讲授法耗时费力，但是效果奇佳。我的成绩从第二次模拟考试开始起飞（我们初三一共有九次模拟考试），几乎每考一次都会前进一大步。一开始老师和同学都认为这只是偶然，因为班主任曾经不止一次在班里说，初二才是成绩提升的最佳时机，到了初三，大多数人的成绩都会稳定下来，不会有太大的变化。但是，很幸运的，我就是做到了大多数人做不到的事情。而在这个过程中，对我帮助最大的，竟然只是一个简单的角色转换。

将学习效率提高十几倍的方法，竟然如此简单，这实在是有些不可思议。

讲授法的神奇效果似乎在印证一个道理——在知识传递的过程中，给予的一方永远比接受的一方得到的更多。这听上去有些矛盾，却是事实。大多数人在享受讲授法的好处时并没有意识到自己因何受益。我当年在给老妈"讲课"之前，并不确定这种方法的有效性。甚至在讲授法已经收到奇效之后，我仍然没有把最主要的功劳归于"讲授法"。在当时的我看来，上课认真听讲、课后认真做题也许才是我成绩进步的最主要的原因。直到了解了戴尔的"学习金字塔"理论，我才明白自己当年进步的真正原因。

那些热心帮助同学解题并讲解思路的同学，实际上是在做着和我一样的事。他们无私地帮助别人的时候，不但没有耽误自己的学习，反而在成绩上突飞猛进。

其实，不只是学生，连老师们也很少意识到，把知识教给别人和从别人那里学习知识有多大区别。作为老师，熟练地掌握自己要教的知识似乎是天经地义的。很少有老师会意识清醒地比较自己把知识讲出来之前和讲出来之后的状态。绝大多数人都会把讲课之后自己更加熟悉教学内容当作理所当然的——这也怨不得老师，因为他们一旦从事了教师这个职业，就很难再做回学生。

不过，在一些特殊的条件和背景下，我们还是可以清晰地看到这两种不同学习方式的差别。在我任教的学校中，刚参加工作的年轻教师和即将大学毕业的实习生都要做同一件事——听课。他们会在学校的组织下和一位教学经验丰富的老师结为师徒关系，并开始长期持续地听课。他们坐在课堂里的时候，其实和学生没有太多区别。无论他们主观上如何努力地听"师傅"们的课，但这种学习方式仍然属于被动学习。

值得注意的是，从知识储备和教学经验来讲，刚参加工作的年轻教师和还有区区数月就要毕业的大学生之间没有太大区别。在听课进行了一段时间后，这两类"徒弟"都要参加学校专门针对年轻教师组织的考试。而考试的内容就是他们曾经听过的那些课程。理论上讲，这两类"学徒"——教师和准教师们的成绩应该相差不远，毕竟他们的年龄和学习经历都没有太大的差别。但事实却是，年轻教师无一例外地会比前来实习的毕业生的成绩高出一大截。

在排除了各种潜在的可能性后，导致二者成绩相差悬殊的最主要原因就很明显了——年轻教师不仅仅在听课，他们还在上课。正是后面这个环节对他们的成绩产生了决定性的影响。

作为一种职业，"老师"这个选择也许并不吸引人。但是，如果你的目标是更出色的成绩，这个角色就值得你花费心思进行扮演。

人类在单纯被动接受信息的时候，大脑的记忆效率和注意力集中的能力都会受到很大的限制。被动学习便属于这一类情况，所以学习效率低下。相反，当学习者主动参与学习，甚至充当起老师的角色，那么他们很可能会遇到重重困难，并不得不摸索着解决，在这过程中，知识点反复被强调，次数一多当然就能"学会"了。

将学习效率提高十几倍的方法

讲授法能让我们置身于老师的角色中，因为承担着压力，所以我们会变得积极主动起来，而这正是高效学习的核心特征。同理，角色扮演法的目的，也是让我们在学习上变得更积极主动，从而获得更好的学习效果。

如上文所述，角色扮演法中比较有代表性的，是讲授法。用讲授法进行学习需要满足三个方面的条件：一是环境，二是对象，三是线索。

如果我们只是用讲授法进行习题讲解，那么其实施的环境可以不用太多考虑，在学校里我们就能完成这种学习。但如果我们想使用讲授法进行系统学习的话，环境的限制作用就凸显出来了。我们不可能在老师讲课的时候和老师"对唱"，也不太可能在自习课上出声讲课。简而言之，学校不是系统实施讲授法的理想场所，除非你的老师鼓励你这样做。

地点的限制很自然地引发了另一个实施该方法的不利环境条件。在现代学校教育体制中，学生们不可避免地要被学校的课程与任务占去大量的时间。对于初三和高三的学生来说，留给他们实施讲授法的时间更是可怜。

我当年使用讲授法进行学习，是以牺牲作业和睡眠时间为代价的。无论如何，想保证讲授法的效果，就必然要把时间从其他活动中挤出来。

影响讲授法实施的因素不只是环境条件，我们还需要一个讲授对象。一开始，我并不认为这是个问题。就像前面说过的，我也曾经对着墙壁讲过，但效果不太好。当时我并不明白原因何在，现在回想起来，是因为我们对着墙壁讲的时候不会有任何压力。即便我们讲错了，或者思路中断了也会得过且过。但是面对真人的时候就不一样了，无论他是否在认真听你讲话，你都会感觉到无形的压力。著名的成人教育专家卡耐基甚至认为，在公众面前讲话带来的压力比跳伞还大。这种压力会迫使你的大脑高速运转，积极组织语言，使混乱的、模棱两可的知识清晰化、条理化。如果你做不到，那种尴尬的感觉会让你立刻明白这一点，并及时加以调整和改进。不断地尝试，进而在不断犯错中进行不断的调整——这个循环可以保证我们不断前进。

可以成为讲授法对象的人有很多。大多数情况下，我们最理想的讲授对象是父母。可以想象，除了父母，很少有人愿意花费几个小时的时间听你无聊地讲课。与我们年龄相仿的同学、朋友、亲属也是不错的选择。实际上，这是一种双赢的互动，在我们通过讲课梳理知识的同时，他们也得到了免费的辅导。

如果你实在找不到人，也可以找一面大一点的镜子，对着镜子里的自己讲。虽然这与给别人讲的效果有点差距，但还是要比对着墙壁讲好多了。

找到了讲课的对象之后，我们还有一个问题需要解决。老师们讲课可都是有教案的，让一个学生在没有任何线索的情况下凭空去讲是不现实的。想当年，我们大学有一名刚毕业的老师，他刚开始讲课时还有板有眼的，只是低头看教案的次数多了些。不过有一次这名老师竟然忘了带教案来上课，等到喊完了上课才发现这一点。结果原本90分钟的课，他只说了40多分钟就没词了，然后就很尴尬地站在那里看我们自习。身为师范专业毕业的大学生，我们都把这一幕深深地记在了脑海里。到我参加工作的时候，每次上课之前我都要检查一下是否携带了教案。

虽然如今我讲课已经不需要随身携带教案，但是对于希望通过讲授法提高学习成绩的学生们来说，让他们两手空空地去讲述老师们讲过的内容是不大容易的。但是反过来，如果我们就照着书本去讲的话，又失去了复习的意义。因此，我们需要一种介于"一无所有"和"一览无余"之间的讲课线索。能够完美地解决这个问题的方案是什么呢？

答案就是我们前面讲过的思维导图。还记得思维导图笔记吗？通过记录要点和关键词，并用曲线将它们串联起来，我们可以为自己勾勒出一幅讲课的路线图。如果我们能够看着思维导图笔记将其中的内容详细地描述出来，就证明我们已经掌握了这部分知识，反之，就证明我们对知识的记忆和理解还不到位，需要重新学习。

讲授法的威力已经被科学实验证明，但它并不是一种绝对完美无瑕的学习方法。它对时间等资源的依赖、需要与他人互动等条件都是这种学习方法的限制因素。

虽然讲授法的确是一种极为高效的学习方法，但是如果你不喜欢用这种方式进行学习，请别忘了，你还有其他选择。正所谓条条大路通罗马。

讲授法之所以能够产生奇效，并不在于它的外在形式，而在于它改变了我们在学习中的位置和心智状态。当我们被动学习的时候，我们扮演的角色只是观众，心智投入的程度自然很低。其实，不只是听老师讲课，就是到剧场观看娱乐节目也是一样。郭德纲的相声很多人都喜欢听，但是当你尝试着把刚刚听过的段子从头到尾复述下来的时候，你就会发现这并不容易。事实上，很少有人能够顺利做到这一点。

但是，当我们来到舞台中央的时候就不一样了，此时我们所表演的一切都将直接决定接下来会发生什么。如果我们稍有懈怠，就有可能把戏演砸。

在这种压力下，我们的心智状态会变得非常主动积极。我们会像录音机一样，把事先准备的内容尽可能精准地复述出来。与此同时，我们还会用感官捕捉现场的线索，并随时准备调整我们即将表演的内容。

可以想见，即便是最没有责任感、最习惯被动做事的演员在这样的情境之下也会变得积极主动。而积极主动正是所有高效学习方法的核心特征。

人们是如何变得积极主动的？这要看他们面对的事情与他们自己有多大关联。我们的大脑经过千百万年的进化，已经形成了一套自己的工作模式。与多数人想象中的不同，大脑最主要的功能不是让我们考上清华北大，而是确保我们生存。一切于生存有利的功能都会在漫长的进化中被保留下来，而与生存无关的功能则会慢慢退化。

为了生存，大脑必须扮演极端自私的角色，它会把尽可能多的资源分配给与自己直接相关的事情，而那些与自身关联不大的内容，则很少得到同样的关注。在嘈杂有如闹市一般的聚会上，我们能隔着两张桌子听到有人谈论自己的名字，就是这个原因。

所以，如果我们希望自己能快速记住一些内容，就必须让自己清楚地知道，这些内容与自己有什么关系。讲授法通过让学生扮演教师，成功将知识与自身紧密联系起来。当一个人的表现取决于他能否即时地说出这些知识，并让对方明白的时候，知识就不再是枯燥的、遥远的东西，它变成了与我们利益息息相关的工具。即便是对汽车最不感冒的推销员，如果知道自己推销出一部汽车可以赚到普通人一个月的薪水，也会迅速记住与这辆车有关的细节。学习也是一样的道理。

讲授法不是唯一可以实现将知识与我们自身连接起来的方法。理论上，所有的角色扮演都可以实现相同的功能。不同的是，其他角色扮演的方法不需要像讲授法一样，特意找到一个倾诉对象。只要你的想象力足够丰富，你就可以通过角色扮演法来进入学习的快车道。

学习抗日战争的历史时也许是枯燥的，但是如果你并不是手拿课本应付考试的学生，而是亲身经历过那场惨烈战争的军人，感受就完全不同了。想象着自己正处在硝烟弥漫的时代，想象着自己最亲密的战友刚刚在某次历史上著名的战役中牺牲，你将会发现，那些曾经无比枯燥的历史课本上的史实正在变得鲜活起来，那些之前需要你死记硬背的历史意义也在不知不觉中变得顺理成章。

学习地理时，如果能在网上搜寻与自己正在学习的地理知识有关的视频和图片，并想象自己正在该地旅游和冒险，学习效果一定大不相同。多年前，在电脑操作系统还是DOS的时代，一款名为《大航海时代》的游戏走进了我们的视野。通过扮演游戏中的冒险家，我们可以驾驶着帆船走遍全球，去那些历史上真实存在过的港口与形形色色的人谈话、交易、作战。有意思的是，很多精通该游戏的玩家都能十分准确地描绘出欧亚大陆的海岸线，并写出那些港口的名称。游戏制作公司并没有组织与这些知识有关的课程和考试，但事实证明，这种想象中的"亲身经历"的过程可以让人们更轻松地获得知识，甚至是以我们无法察觉的方式。

理论上，角色扮演法可以运用到所有学科上。角色扮演法的本质，是在学习的过程中把自己想象成与该学科知识有关的当事人，这是一项非常重要的技能。通过这种想象，我们可以把需要学习的知识与自身紧密结合起来。角色扮演法实际上是在帮助我们的大脑想清楚一个问题：我们正在学习的东西和我们究竟有什么关系？一旦想通了这个问题，其他的一切也就迎刃而解了。

后
记

学习其实很简单

　　记得多年前学习游泳的时候，教练对我们说，在水里一定要放松，千万不要紧张，尤其不要胡乱挥舞四肢，因为这样做是最容易沉底的。相反，只要我们能保持放松，哪怕什么也不做，也能从水底浮上来。

　　怀着半信半疑的心态，我下水了。本以为下水是一件非常简单的事，可是真正下到水里的时候我的心就慌了。我无法掌控自己的平衡，甚至不知道该如何移动身体，只能凭借本能在水中挥舞手臂、两腿乱蹬。被其他学员拉上来后，我吐了好半天的水。

　　其实，很多学习者也曾犯过跟我一样的错误。即使深知学习的初衷是"学会知识"，但一旦遭遇挫折与困境，我们很容易就忘记了这个初衷，转而为了给自己一个交代，或者给自己的父母和老师一个交代而学习。我们渐渐变得不关注结果，也不敢关注结果，学习对于我们来说就像在浓雾中独闯迷宫。

　　记得我在一本小人书上看过这样一则故事：一个人去买包子，在吃前五个包子的时候，这个人越吃越饿，直到吃第六个包子，才让他有了饱的感觉。这时他开始后悔起来，觉得前五个包子都白吃了，直接买第六个包子就好了。

小时候看这则故事的时候我还能哈哈大笑，但是现在却笑不出来了。因为我发现很多学生都在玩着"只吃五个包子"的游戏。挫折和困境磨尽了他们的信心，让他们总是在离成功只有一步之遥的地方停下来，然后换个地方重新开始。

太多人在这个怪圈游戏中浪费时间，坚持不到最后一步，因为他们看不到希望。他们不知道成功和幸福往往来得非常突然，没有任何预兆，而在成功来临之前，必须忍耐很长一段时间的原地踏步。没有那些看似原地踏步的积累，也就不会有第六个包子的幸福。换句话说，只要懂得了这些道理，那些挣扎在怪圈中的孩子也能迎来属于他们的胜利。

想通了这个道理后，我开始有了为孩子们写一本书的想法。

在最初为这本书勾画布局的时候，我本打算用四个月的时间来撰写，然而没有想到的是，这一写就是四年。对学习本质和规律的探索，让我觉得自己正在做一件非常严肃的事情，我必须对每一个阅读这本书的人负责。

我相信学习的本质是简单快乐的，但很多人并不相信。要证明这一理念，并把切实有效的方法分享给读者，并非易事。四年间，我数易其稿。光是被我大段删掉的文字就多达十几万字，这还不算我修改过的部分。

事实上，学习从来不是一件轻松的事，即便是雄踞金榜的中考和高考状元也不敢说学习很轻松。状元们之所以能够遥遥领先，很大程度上是因为比别人起步早，或者比别人更努力，抑或二者兼而有之。

尽管学习并不轻松，但学习却可以很简单。我们学习的内容也许非常高深复杂，但学习这些内容的行为本身并不复杂。学习作为一种人类常见的行为，有最质朴的规律。遵循这些规律做事，我们就能行走自如；违背了这些规律，我们便会举步维艰。

还记得我前面讲过的游泳的故事吗？当年有个老兄和我一样迫切地想学

会游泳。不过，他采用的方法和我不同。他听说了我在泳池里呛水的"英雄事迹"后，决定用更为保险的方式学习游泳。他买回一大堆游泳教学DVD，白天没事的时候就放一放，揣摩一下。

一个月过去了，他没有学会游泳。一年过去了，他还是没有学会游泳。如今，我学会游泳已经十多年了，而他老兄还是旱鸭子一个。

你看出问题出在哪里了吗？

没错，他只是纸上谈兵，没有真正地去实践。再好的理论，没有实践都是空谈。

同样，这本书中的学习理念和方法再好，如果你只是看看，没有实际行动，也不会有丝毫效果。不要对自己说"我懂了"。中考和高考的考场上，不会有人因为"你懂了"而给你分数。想得分？自己动手去写。

掌握学习方法也是一样的道理。学习，说到底就是个技术活儿，最终考查的不是谁脑袋聪明，而是谁的手更熟练。只要确保自己走在正确的方向上，然后不断重复地去做正确的事，就万事大吉了！

学习就是这么简单。

建议配合二维码一起使用本书

入群与书友相互交流
高效阅读

好书推荐 » 社科资讯 » 书友交流社群

本书为您提供"入群与书友相互交流，高效阅读"主题服务，您可以通过以下步骤进行学习，事半功倍，高效学习。

1 【专享社群】与同读本书的读者交流阅读感悟，分享好的阅读方法。

2 【必看资讯】及时掌握最新的热点资讯。

此外，读者还可以获取以下权益

微信扫码
获取本书配套服务
▼ ▼ ▼

★ **好书推荐**
与本书相关的社科文学类好书

★ **线下读书活动**
社科文学类相关线下读书活动